Los mayas, genios de la ciencia y la astronomía

George Reston

Los mayas, genios de la ciencia y la astronomía

grijalbo

A864 George Reston
GEO Los Mayas, genios de la ciencia y la astronomía. - 1ª ed. – Buenos Aires: Grijalbo, 2003.
192 p. ; 20x13 cm.- (Misterios de la historia)

ISBN 950-28-0310-8

I. Título. - 1. Ensayo Argentino

Los mayas, genios de la ciencia y la astronomía

Diseño de tapa e interior: Diego Linares

IMPRESO EN LA ARGENTINA

Queda hecho el depósito
que previene la ley 11.723.

Humberto Iº 531, Buenos Aires.
www.edsudamericana.com.ar
ISBN 950-28-0310-8

Introducción

¿Por qué volver a pensar en la misteriosa desaparición de la civilización maya? El antropólogo trabaja para descubrir cómo vivían quienes ya no están, y parte de ese estudio es descubrir qué los llevó a la extinción. En esencia, porque identificar esa razón contribuye a que la humanidad pueda observar con ojos críticos su propio presente. No vaya a ser que las mismas circunstancias que terminaron con el pueblo maya se estén reproduciendo peligrosamente en nuestra civilización actual.

Porque lejos de toda duda, una cultura que fue capaz de descubrir el valor matemático del cero, que pudo diseñar un calendario mucho más preciso que el que hoy nos guía, que se ordenó política y socialmente –más allá de las castas– con un criterio infinitamente menos destructivo que el que rige hoy en nuestras comunidades, no pudo haber caído sólo por la evolución natural de los tiempos. Existieron otras razones, y bien valdría tomar cuidadosa nota de ellas.

El fenómeno de la cultura maya atrae, cada día más, a curiosos, aficionados y estudiosos de todas partes del planeta. Para un niño que vive en Canadá, por ejemplo, los mayas, los jíbaros o el ejército troyano pueden ser más o menos lo mismo. Y tal vez por eso, por suponer que los indígenas mexicanos eran la versión americana de los antiguos griegos comencé a interesarme por ellos.

Mi padre trabajaba como crítico literario en los periódicos zonales de Ottawa, lo que permitió que tuviera un acceso, casi incondicional, a todo tipo de material que se abocase al tema. La equitación y la lectura fueron los pasatiempos que convirtieron mi infancia en uno de los momentos más felices de mi vida.

Cuando crecí y comprendí que los deportes no me darían de comer me adentré por completo en la investigación. Terminé la educación media y decidí –influido en buena medida por las delirantes historias de Castaneda que consumía con fruición– que no debía existir carrera más atrapante que la antropología. Cursé a toda velocidad los primeros tres años de universidad y viajé en vacaciones a México. Así, los dos meses que debieron haber sido de distensión se convirtieron en cinco años de mucho trabajo pero también de mucho crecimiento. Aprendí el castellano, terminé mi carrera en el Distrito Federal, conocí a mi actual mujer y tuve mi primer hijo.

Cuando mis padres murieron volví a Canadá con mi familia para resolver los asuntos legales, y lo que comenzó como un viaje de negocios terminó dando origen a este libro.

Los contactos laborales que mi padre había cultivado con empeño me sirvieron como salida laboral. Y mi amor por la antropología logró que sacrificara tiempo de ocio para penetrar, cada vez con mayor profundidad y cuidado, en los claroscuros de una civilización desaparecida misteriosamente y que empezaba a obsesionarme.

Todas las herramientas que incorporé como antropólogo están expuestas en este trabajo. Pero también es fácil descubrir todo el amor y el respeto que siento por esta cultura. Sé que la unión sentimental con el tema afecta mi objetividad, pero creo que si Malinovsky lo leyera lo aprobaría.

Cómo no enamorarse de un pueblo que logró los más destacados avances en las matemáticas, que deleita con su arte, que con sus leyendas emociona y con sus enseñanzas cautiva. Cómo ser objetivo con un pueblo que fue –tal vez– la primera víctima de una conquista salvaje, y que fue martirizado por el "pecado" de poseer oro en sus territorios. Un pueblo que supo dar batalla, aun en inferioridad de condiciones hasta que ya no tuvo más sangre que ofrecer.

Este libro es fruto de mucho estudio, pero también de mucha pasión, y por eso estoy orgulloso de él. Porque quizá eso sea lo más importante que aprendí en mi larga estadía en México; que la pasión es el único motor para alcanzar la razón. La razón fría y dura no tiene sentido si no está gobernada por el corazón y esto es lo que tenía muy claro el pueblo maya. Tan claro lo tenían que se extinguieron pero no traicionaron sus creencias más profundas, es decir, las creencias del corazón.

Cuando regresé a Canadá sentí algo muy raro. Era un extranjero en mi país. Acaso porque la brecha que el tiempo y la historia han abierto entre el norte de América y el resto del continente habla de una fractura antropológica, capaz de explicar hasta la economía y la política. Asombra ese surco que nos separa de una Europa que, pese a guerras y devastaciones, sigue pudiendo preservar una identidad continental.

En este trabajo encontrarán mucha y muy calificada información sobre un pueblo extinguido, pero me daré por satisfecho sólo si una apasionante duda y necesidad de más información los asalta y los conduce, también a ustedes, a indagar en la huella de quienes, de una manera u otra, son nuestros ancestros.

G. R.

Capítulo I

Los antiguos mayas y su legado

La centena de ciudades que la densa vegetación tropical centroamericana guardó en su seno a lo largo de más de un milenio representan, sin ningún lugar a dudas, uno de los mayores misterios de la historia de la civilización.

Templos imponentes que se alzan sobre pirámides de cincuenta metros de altura, cipos, estelas y altares de piedras, tapizados con magníficos y misteriosos grabados, dan cuenta de ceremonias rituales y celebraciones que la humanidad debe aún terminar de interpretar.

Eso fueron los mayas. Para algunos, los herederos de una civilización perfecta y avanzada, anterior a la griega, que vivió en un continente perdido (la Atlántida); para otros, las grandes víctimas de los conquistadores españoles.

Finalmente, sin embargo, el legado de los mayas empieza a descubrirse en todo su esplendor. A través de excavaciones, del descifrado de su antigua lengua y de sus continuas investigaciones, los arqueólogos conocen cada vez más sobre un pueblo que desarrolló un calendario tan preciso como el que usamos hoy en día. Además eran astrónomos consumados, arquitectos y matemáticos.

El explorador norteamericano J. L. Stephens, junto al célebre dibujante inglés Catherwood, tuvieron el enorme privilegio de ser los primeros en comunicarles al mundo que algo misterioso y fascinante habían descubierto. Fue la tarde del 17 de noviembre de 1839, cuando frente a sus ojos aparecía Copán, una desconocida ciudad en medio de la selva.

Meses más tarde, desde Palenque (acaso uno de los mayores emblemas mayas), Stephens comunicaba su teoría respecto de que, entre una ciudad y la otra, todo un extenso territorio debió de haber sido habitado por una sola comunidad, y una única civilización. Su hipótesis se sustentaba en la identidad formal que había hallado entre los jeroglíficos descubiertos en ambas ciudades.

Era el comienzo de una larga serie de hallazgos vedados hasta entonces para la humanidad.

Era el comienzo, decimos, porque cuando treinta años más tarde el sacerdote francés Brasseur de Bourbourg se encontró, en la Biblioteca Real de Madrid, con la *Relación de cosas del Yucatán*, una obra escrita en tiempos de la conquista por el padre Diego De Landa, el sendero hacia el esclarecimiento definitivo de lo que fuera la civilización maya quedó definitivamente expedito.

Las suposiciones y la historia

Nuestros antepasados mayas observaron mucho antes que nosotros el fenómeno del cambio continuo y lo expresaron con estas palabras llenas de sabiduría y poesía tomadas del *Chilam Balam* de Chumayel, libro en el que se recogió la tradición oral de los antiguos mayas: "Toda luna, todo año, todo día, todo viento camina y pasa. También toda sangre llega al lugar de su quietud, como llega a su poder y a su trono. El hombre mismo, tal como hoy lo conocemos, ha sido producto de una larga evolución de cientos de miles de años".

Uno de los rasgos más importantes que diferencian al hombre del animal es que este último, para subsistir, se sirve de los productos de la naturaleza tal como surgen de ella. En cambio, el hombre modifica la naturaleza y la somete, transformándola para obtener de ella lo necesario. Es decir, mediante el trabajo, el hombre establece relación entre la naturaleza y sus necesidades. A través del trabajo, el hombre modifica la naturaleza en conjunto y al mismo tiempo modifica su propia naturaleza.

En un principio el ser humano fue recolector, cazador y pescador. Pero, para obtener los productos de la naturaleza necesarios para su subsistencia, comenzó a elaborar utensilios que lo auxiliaran en la búsqueda, obtención y preparación de sus alimentos. El empleo del fuego amplió las posibilidades de que usara productos de la tierra, mares y ríos, antes no aprovechados.

A medida que los hombres aumentaron en número, se desplazaron hacia nuevas tierras en busca de alimentos, es decir, se vieron obligados a llevar una vida nómada. En la persecución de los animales que le proporcionaran carne y pieles, el hombre avanzó en distintas direcciones. Así fue como algunos provenientes del Asia, hace aproximadamente cuarenta mil años, aprovecharon las posibilidades de paso por el estrecho de Behring y las islas Aleutianas y llegaron al continente, que miles de años después recibiría el nombre de América.

Estas migraciones se realizaron en varios períodos. Luego, conforme iban llegando a la nueva tierra, los grupos marcharon hacia el sur y se fueron dispersando en el norte, centro y sur del continente. Las rutas seguidas por estos grupos humanos y los lugares donde se establecieron, por tiempo más o menos corto, han podido ser determinados mediante los descubrimientos de utensilios de piedra por ellos empleados, de restos óseos de animales y, en ocasiones, de seres humanos.

En el caso particular del actual estado de Yucatán, investigaciones recientes que aún no han aportado conclusiones definitivas permiten, sin embargo, anticipar que la prueba más antigua de la existencia del hombre y de sus actividades se remonta aproximadamente al año 8000 antes de nuestra era, como lo comprueban los hallazgos de las grutas de Loltún al sur de la provincia de ese nombre, a corta distancia de Oxkutzcab. Estas grutas constituyen el único lugar del estado donde existen depósitos profundos de tierra en cuyas capas quedaron sepultados restos de instrumentos, de huesos de animales y humanos que ahora han podido ser estudiados.

En las capas o estratos más antiguos se hallaron vestigios de fauna extinta, para la que se ha calculado una fecha tentativa de 24.800 años. Se encontraron también instrumentos que indican el desempeño de labores diarias de la gente que habitaba el lugar, como raspadores (utensilios que servían para la limpieza de pieles y de otros materiales suaves como algunas cortezas vegetales), raederas, hachas, cuchillos y navajas empleados para cortar materiales más duros como la madera; perforadores, buriles para hacer incisiones y puntas de proyectil. Estas últimas, pequeñas o grandes, son prueba de que se dedicaban a la caza. Los utensilios de Loltún están tallados principalmente en silex, mineral propio de la localidad. Hay también algunos instrumentos elaborados en obsidiana y basalto, lo que indica la relación de estos habitantes con pobladores de regiones distantes del norte o del sur de la península.

Además de los objetos de piedra, el hombre de Loltún contaba con instrumentos de madera y de hueso como agujas, cuentas, mangos, entre otros, de los cuales se conservan muy pocos debido a su calidad orgánica de fácil descomposición.

Hasta hace relativamente no mucho tiempo se pensaba que el poblamiento de la península de Yucatán por los mayas había comenzado durante la quinta centuria; sin embargo, descubrimientos recientes muestran que dicho poblamiento tuvo lugar en fechas mucho más tempranas, con seguridad anteriores en varios siglos a nuestra era.

Entre los años 5000 y 4000 a.C. (aproximadamente) los antepasados directos de los mayas llegaron en pequeños grupos, acompañados de miembros de otros pueblos, de similar aspecto físico (cabeza redonda y baja estatura), a las tierras que después serían su asiento definitivo.

La ocupación parece haberse efectuado por oleadas sucesivas de colonización. El estudio de los monumentos arqueológicos permite establecer tres subprovincias, surgidas quizá de diferentes colonizaciones: la que está al norte de Petén, con prolongación hacia Campeche y Quintana Roo, es decir, la región de los chenes; la que le sigue más al norte, o sea la Puuc, y la que rodea a la capital, Itzá.

Estos recién llegados –y lo mismo sucede con gran parte de sus actuales descendientes– se caracterizaban por nacer con una pequeña mancha, llamada coccígea (*uah*, en maya) de color entre azul y violeta en la base de la columna vertebral, que desaparecía a los pocos años de edad; por el pliegue del ojo parecido al de los asiáticos; por el vello escaso en el cuerpo y porque las líneas de las manos eran más sencillas; rasgos comunes entre los asiáticos.

Tanto el color cobrizo de la piel como el cabello lacio y negro los identificaban como parte de los grupos étnicos de la América prehispánica. Pero, por otra parte, presentaban y presentan otros rasgos que los diferencian de la mayoría de los demás habitantes de América y Asia, entre los cuales cabe mencionar su baja estatura, la cabeza ancha, los pómulos salientes, los hombros anchos, las manos y los pies pequeños, la nariz carnosa y aguileña y el labio inferior algo caído.

Se comunicaban a través de una lengua común que dio origen aproximadamente a otras veinte, entre ellas el maya. Su organización social se basaba en unidades no muy numerosas de individuos ligados entre sí por lazos de parentesco (clanes) que decían descender de un antepasado común (en algunas ocasiones éste era algún animal considerado sagrado y al cual rendían culto).

En el seno de cada grupo predominaba la igualdad social. Las diferencias estribaban únicamente en la edad y en el sexo. El mando era ejercido por los más experimentados o los más ancianos; en el primer caso debido a la capacidad demostrada en la caza, la pesca y la recolección; en el segundo, merced a la solvencia para la aplicación de conocimientos prácticos, adquiridos a través de la experiencia.

Entre los años 2800 a 2600 a.C, en la zona maya que comprende Yucatán, Campeche, Quintana Roo, Chiapas, Tabasco, Belice, Guatemala, Honduras y el Salvador, había ya grupos que comenzaron a practicar la agricultura. Este conocimiento se extendió por la región y proporcionó a los mayas nuevos elementos para su alimentación, basada hasta entonces exclusivamente en la caza, la pesca y la recolección de frutos.

Posteriormente, el cultivo del maíz, el frijol, el chile, la calabaza, el camote, la chaya, el macal, el algodón, el henequén y la obtención de copal constituyeron la base fundamental de su economía. Por eso a esta etapa se le llama agrícola.

Estos agricultores mayas elaboraban objetos de barro, madera, hueso, obsidiana, jade y de conchas de mar. Sabían confeccionar trampas, lazos y cerbatanas para cazar, así como herramientas de piedra: cuchillos, punzones y hachas. También hilaban prendas de vestir con fibras de algodón y hacían collares de cuentas para su adorno personal. Desarrollaban el comercio, intercambiando sus productos con los de otras regiones habitadas por grupos mayas y en ocasiones con pueblos ajenos a la península.

La práctica de la agricultura de milpa les exigió una suerte de observación "científica" de la naturaleza. Era necesario saber el momento más oportuno para preparar el campo, para efectuar las siembras y para levantar las cosechas; conocer cuáles eran las semillas adecuadas y los métodos más aptos para obtener los mejores frutos.

Así fue como surgieron los brujos (*hmenoob*) que, por su gran conocimiento de la naturaleza comenzaron a organizar las labores del campo y a dirigir la economía de cada grupo. Por el nivel de sabiduría práctica que poseían, llegaron a constituir el grupo dirigente que empezó a surgir en esta época.

Las brujas fueron cubriendo, aceleradamente, las lagunas en el conocimiento que existían hasta entonces, atribuyendo virtudes mágicas a todo lo que se daba en la naturaleza; y, con la creencia de que así alejarían los males, crearon un culto a las deidades que imaginaban y materializaban en dioses de madera, barro y piedra.

Paulatinamente, éstos fueron adquiriendo mayor influencia en los grupos, hasta constituirse en los rectores materiales y espirituales de sus respectivas comunidades. Fue así como surgieron los sacerdotes que dejaron sentir su influencia en la siguiente etapa llamada teocrática.

En este período la igualdad social desapareció. Los hombres comunes del pueblo trabajaron con sus manos para sostenerse y para mantener a los brujos que, cada vez más, se fueron alejando del trabajo material en el campo para dedicarse a las observaciones y ritos. Muchos hombres laboraron en la producción material y sólo algunos lo hicieron a través del conocimiento, en la producción de ideas.

Al convertirse en sedentarios, los pueblos mayas vivieron en aldeas pequeñas. Más tarde, cuando la población creció, éstas se subdividieron para crearse otras, vinculadas entre sí por su origen. Habitaban en casas de forma redonda, rectangular u ovalada, con paredes de bajareque, ramas entretejidas con cañas y barro; con techos de zacate o palma de guano, más o menos como las que aún encontramos en las poblaciones rurales y suburbanas del Yucatán actual.

Los elementos que participaban en la agricultura, tanto vegetales como animales, fueron deificados. La lluvia adquirió singular importancia y representó, como el agua, una deidad, lo mismo que el sol, la luna y otros astros. Se comenzaron a construir pirámides truncadas y sobre ellas templos. Inventaron una escritura y algunos elementos calendáricos, sistema relativo a la medición del tiempo, entre otros muchos logros en el campo del conocimiento.

Chichén Itzá. El templo de Kukulcán.

Hacia el año 320 de nuestra era, los mayas comenzaron a generar una cultura con características propias, a partir de un nivel cultural común a todos los pueblos de

Mesoamérica –territorio comprendido entre los ríos Pánuco, Moctezuma, Tula, Lerma, Santiago y Sinaloa por el norte, y el golfo Nicoya y el lago Nicaragua por el sur.

En el aspecto económico, la base de la alimentación del pueblo maya siguió siendo fundamentalmente la agricultura de la milpa, sin abandonar la caza, la pesca y la recolección.

Dicha agricultura se hizo intensiva a través de la construcción de terrazas y canales para riego como en Edzná, lográndose con estos sistemas tres o más cosechas al año. En las diferentes labores, continuaron utilizando instrumentos de madera, hueso, piedra, pedernal, barro y obsidiana; más tarde conocieron algunos metales y descubrieron la manera de elaborar objetos con ellos.

A este período se le llama teocrático porque la casta sacerdotal se retiró definitivamente del proceso de producción material y los sacerdotes se especializaron: había astrónomos, matemáticos, arquitectos, curanderos, historiadores, profetas, guardianes de la tradición, y su número se multiplicó.

Desvinculados del trabajo material, controlaron el poder y obtenían la subsistencia de lo que les proporcionaba el pueblo en forma de tributo y ofrenda. El tributo podía pagarse en productos naturales o manufacturados.

Durante la etapa teocrática, la sociedad maya quedó profundamente dividida en dos sectores: los trabajadores y la casta sacerdotal. Se diversificó el trabajo y surgieron artesanos especializados que trabajaban al servicio de los sacerdotes en la construcción de edificios, esculturas, pinturas, labrado, tallado, así como en el arte plumario y otras manifestaciones artísticas. Pero la mayoría de la población se sustentó con el producto de sus milpas y los de la caza, pesca y recolección.

Para obtener los productos agrícolas necesarios para la alimentación de un agricultor y de su familia en aquella época, el labriego debía trabajar alrededor de cien días al año. El resto del tiempo podía dedicarlo a otras actividades ajenas a su trabajo; pero los sacerdotes les impusieron paulatina y gradualmente nuevas obligaciones y las horas libres disminuyeron. Bajo la dirección y vigilancia de la casta sacerdotal se intensificó el comercio, mediante el intercambio de productos con la zona del centro y la costa este de México, y hacia el sur con regiones centroamericanas.

Por otra parte, cuando los investigadores hablan de cultura, se refieren a los logros obtenidos por este pueblo en los campos de la arquitectura, urbanística, escultura, pintura, matemática, astronomía, cronología, etcétera. Los avances obtenidos por los mayas han causado la admiración del mundo; fue precisamente en esta etapa teocrática cuando la cultura maya alcanzó su mayor esplendor.

Hoy pueden admirarse las zonas arqueológicas de las grandes ciudades mayas tales como: Cobá, Kohunlich y Tulum en Quintana Roo; Xpujil y Edzná en Campeche; Kabah, Sayil, Labná, Dzibilchaltún, Uxmal, Chichén-Itzá y muchas otras, dispersas en todo el territorio del estado de Yucatán; Palenque en Chiapas y las que existen en Centroamérica.

En el transcurso de los siglos VII, VIII y principios del IX, el afán constructor maya se intensificó. Esto significó que cada vez se exigía más del esfuerzo del pueblo.

Bruscamente, durante el siglo IX y principios del X, los trabajos de construcción cesaron. Los centros ceremoniales fueron abandonados. Las ciudades, donde se encontraban las pirámides, los templos y palacios revestidos de piedra labrada cesaron en su actividad. El grupo sacerdotal desapareció y cobraron relevancia los curanderos y brujos de las pequeñas aldeas. Según la opinión de los especialistas, este acontecimiento –el abandono de la construcción de edificios, pirámides y grandes calzadas– marca el final de una etapa de desarrollo del pueblo maya.

Ahora bien, ¿a qué se debió este fenómeno?

Algunos estudios han señalado como motivo principal el cansancio, la resistencia, la oposición, la rebelión de los campesinos contra el grupo sacerdotal que los obligaba a realizar tareas cada vez más agobiantes. Lo cierto es que las grandes ciudades fueron abandonadas. El pueblo, ya sin el peso opresor del grupo sacerdotal, vivió disperso en pequeñas aldeas.

El territorio que ocuparon los mayas se divide en tres regiones naturales:

La del sur, integrado por las cadenas montañosas y mesetas intermedias que forman un gran semicírculo hacía el suroeste, sur y sureste.

La del centro, formada por la cuenca interior del departamento de Petén, junto con los valles exteriores, que incluye la mitad sur de la península de Yucatán, y la del norte, constituida por la llanura caliza, baja y tendida, que forma la mitad norte de la península.

La distinción de estas tres divisiones naturales tiene suma importancia para la comprensión de la historia del pueblo maya, porque probablemente el desarrollo de la agricultura, base de la civilización maya, ocurrió en las tierras altas de Guatemala (sur); también es probable que su cultura se originara en la cuenca interior (centro); y que tanto el renacimiento maya como su decadencia tuvieran lugar en el norte de la península. La segunda región natural fue la cuna del "Viejo Imperio".

La civilización maya duró aproximadamente 3.000 años y su historia se divide en tres períodos.

Conocido como Preclásico, el período que abarca desde el año 2000 a.C., hasta el 250 de nuestra era, vio el nacimiento y el desarrollo de los mayas. Existieron cuatro focos culturales de gran importancia: los dos primeros se encuentran en Guatemala: uno en la región de Los Altos (Kaminaljuyú) y otro en la de Petén (Uaxactún); el tercero en la península de Yucatán (Maní, Xtampak-Dzibilnocac, Dzibilchaltún), y el cuarto en Chiapas (Chiapa de Corzo). En el Preclásico Inferior se encuentran en Kaminaljuyú las fases Charcas y Arévalo, correspondientes a El Arbolillo I, Tlatilco y Zacatenco Inferiores. El estrato Majadas y parte del de Providencia caen ya dentro del período Medio, y Miraflores, Arenal y Santa Clara se colocan dentro del Preclásico Superior, época en que abundan los montículos piramidales de los cuales uno ha sido fechado aproximadamente en 550 a. C.

En Uaxactún, la fase Mamom parece corresponder al Preclásico Medio y la Chicanel al Superior. Durante esta última se advierte en Petén una influencia importante que procedía de La Venta y que se percibe en el estilo de los mascarones de sus pirámides.

En Yucatán, las tres fases llamadas "Formativo temprano, medio y tardío" corresponden a los períodos del Preclásico, y tienen su foco característico: Maní, Xtampak-Dzibilnocac y Dzibilchaltún respectivamente.

Chiapa de Corzo se destaca como intermediario entre el área maya y Monte Albán.

Capítulo II

El orden político y social

El mundo maya, al menos al momento en que los españoles iniciaron la conquista, era gobernado por dos castas dirigentes: nobles y sacerdotes. Existiendo entre ambas una relación de respeto mutuo. Por debajo de ellos, el pueblo, y más abajo los esclavos.

"Cada uno de los veinte estados de Yucatán –describe Pierre Ivanoff en *Grandes civilizaciones*– dependía de un jefe supremo, un *alach uinic* (verdadero hombre). El cargo hereditario se transmitía del padre al hijo mayor. Cuando este último era demasiado joven a la muerte del padre, la regencia estaba asegurada por los tíos paternos. El *alach uinic* era un auténtico rey en su territorio; tenía todos los poderes pero no abusaba de ellos".

El rey contaba además con la colaboración y el asesoramiento de un Consejo de Estado conformado por jefes de pueblo, sacerdotes y consejeros. Ambos, monarca y Consejo, atendían las cuestiones de política interna y externa del Estado; así como, al comienzo de cada *katun* (período de veinte años) examinaban a quienes aspiraban a convertirse en gobernadores de pueblo.

"Los interrogatorios se hacían en lengua esotérica –cuenta Ivanoff–. Es evidente que dicha lengua estaba reservada a un exiguo número de individuos; se trataba de una especie de capital familiar, que reducía considerablemente las posibilidades de elección del *alach uinic*. En definitiva, éste designaba a sus gobernadores siempre en el ámbito de una misma casta privilegiada".

La nobleza maya, cuyos títulos también eran hereditarios como el de monarca, se llamaba *almehenoob* (aquellos que tienen un padre y una madre), y en estas capas sociales era donde el *alach uinic* reclutaba a sus gobernadores que, además, se convertían en jueces una vez nombrados.

Esta dirigencia política ponía un enorme celo en cuidar que la población respetase de modo casi reverencial a los sacerdotes. También velaba por la buena ejecución de los trabajos agrícolas sugeridos por los calendarios. Sin embargo, su función principal consistía en asegurar el puntual cumplimiento en el pago de los tributos que el pueblo le abonaba al rey. Tarea en la que eran auxiliados por sus delegados *(ah leloob)*. En tiempos de guerra, además, los gobernadores reclutaban milicias y todos se ponían a las órdenes del *nacom*, el gran jefe de la guerra.

Este cargo también era hereditario, pero el comandante supremo era elegido sólo por tres años. Tenía una enorme responsabilidad y se lo veneraba cual un ídolo. Recibía ofrendas de incienso y era llevado al templo en procesión. En contraprestación, debía llevar una vida ejemplar a lo largo de su mandato, observando castidad absoluta y un estricto régimen alimenticio.

"Los consejeros, *ah cuch calvo*, en número de dos o tres, estaban situados jerárquicamente debajo del gobernador –explica Ivanoff–. Nada podían hacer sin su consentimiento. Tres de ellos, los *ah popol* 'aquellos que se sitúan delante de la estera' –y la estera es un símbolo de autoridad– se encargaban de las relaciones entre los señores y la gente del pueblo. Eran jefes de la *popolna*, las casas de reunión donde se discutía sobre los negocios públicos; eran también los cantores responsables de los ensayos de música y danza".

Al frente de todos los sacerdotes estaba el sumo sacerdote, el señor Serpiente *(Ahaucan)*, describe el antropólogo, que desempeñaba una misión de primer plano en los minúsculos estados de Yucatán. Sumamente respetados por la nobleza no tenía, sin embargo, a nadie a su servicio, viviendo de ofrendas.

El sumo sacerdote era el primer consejero del jefe del territorio, y de él dependía también la actividad y el futuro cultural del estado. Observaba y leía los astros, presidía los sacrificios, adivinaba, administraba los monasterios, impartía enseñanza, redactaba códigos, procedía a cálculos astronómicos y controlaba personalmente la construcción de las ciudades sagradas. Su figura era decisiva y determinante tanto en la vida política como en la vida cotidiana de la ciudad. Era auxiliado, eso sí, por un determinado número de sacerdotes, los *ahkim*.

El cargo de sumo sacerdote también era hereditario, por lo cual los conocimientos –que debían ser profundos y variados– se transmitían de padres a hijos.

"A estos guardianes de las tradiciones de una civilización, probablemente teocrática en su origen –reconoce Ivanoff–, debemos hoy el conocimiento de la gesta cultural de los mayas".

"Los *chilam* constituían una categoría de sacerdotes especializados en la adivinación, muy respetados por los mayas; hasta el punto que, cuando se presentaban en público, la gente corría para llevarlos en los hombros y evitar que se manchasen en contacto con el suelo".

Existía también un sacerdote encargado de los sacrificios humanos, bastante menos venerado que los *chilam*. Sus cuatro asistentes, los *chaces,* se ocupaban de sujetar a las víctimas que se reclutaban entre los ancianos durante las ceremonias.

El último escalón de la pirámide social eran, desde luego, los esclavos *(pentacoob)*. Históricamente se ha discutido bastante acerca de la esclavitud que practicaban los mayas pero sin que se haya llegado a una afirmación concluyente. Para el padre De Landa la esclavitud fue introducida en Yucatán por los Cocom de Mazapán, mientras que S. G. Morley cree que dicha costumbre existía ya entre los mayas en el período Clásico.

Lo cierto, sin embargo, es que en Yucatán existía la esclavitud y los españoles se valieron de dicha práctica en su provecho.

"Cinco eran las condiciones que podían hacer de un hombre un esclavo en la sociedad maya de Yucatán –explica Ivanoff–: haber nacido esclavo, haber sido hecho prisionero de guerra, haber sido condenado por hurto, ser huérfano, o haber sido vendido por sus progenitores o por un jefe de tribu. Conocemos incluso las tarifas de ese terrible comercio: ¡cien semillas de cacao por un esclavo! Lo que subraya el alto valor comercial del cacao y el bajo precio del hombre en aquella sociedad".

Pirámides y palacios

Las pirámides mayas responden a distintas exigencias. La diferencia principal entre una pirámide maya y una egipcia está en que la primera, igual que el *zigurat* babilónico, tiene como función principal soportar un templo, lo que no ocurría con las construcciones faraónicas. El edificio maya es ante todo un monumental zócalo sobre el cual se alza el sanctasanctórum, el lugar del culto consagrado a las divinidades.

A este respecto, las pirámides de Tikal ensalzan de manera especialmente evidente la unión entre la tierra y el cielo: hay una formidable "escalera" que permite a los sacerdotes ascender a lo más alto y comunicarse con los dioses del cosmos. En cambio, en la base, como ocurre con las pirámides de Egipto, se encuentra a menudo una tumba que puede ser subterránea o estar horadada dentro de la mole de la construcción. Allí descansaban los restos mortales del soberano divinizado. Esta función, definitivamente reconocida tras el descubrimiento de la famosa cripta del Templo de las Inscripciones de Palenque en 1952, que contenía el sarcófago de Pacal, confiere al edificio maya su doble significado, funerario y religioso.

Pero en la medida en que se afirma el poder autocrático del jefe de cada ciudad, con la tendencia a la hegemonía que algunos centros importantes ejercen sobre las ciudades cercanas, las funciones culturales y funerarias se convierten en una sola cosa: la exaltación del poder personal. Aquí se manifiesta el absolutismo del soberano. Y las estelas situadas en la explanada, al pie de cada templo, proclaman por escrito los acontecimientos importantes del reinado de cada jerarca, recordando su llegada al trono, su boda, sus victorias, mencionando a los enemigos que sacrificó a los dioses, enumeran las hazañas que llevó a cabo.

La arquitectura maya, en esta perspectiva, se erige en instrumento de la gloria individual: vincula estrechamente a las divinidades con el rey que les ha consagrado altares, plataformas o pirámides. La antigua metrópoli maya de Tikal, descubierta en el siglo XVIII, ha sido estudiada a partir de 1881. Conoció numerosas campañas de exploración, excavaciones y restauraciones a lo largo de los 500 Km^2 que forman su área. En su centro propiamente dicho habrá como mínimo unos 3.000 monumentos sobre 16 Km^2. Situada en el corazón de esta gran ciudad, la zona llamada ceremonial, donde están las principales pirámides, los juegos de pelota y el palacio, cubre 1.200 por 600 metros. Es aquí donde se yuxtaponen los gigantescos templos edificados sobre la acrópolis norte.

El conjunto, que se remonta en gran parte a los siglos VI y VII, tras un período de eclipse de Tikal, marca el renacimiento de la capital de Petén. Está ordenado según un programa simétrico, orientado norte/sur, sobre un eje que mide 200 metros de largo con un ancho que no supera los 150 metros. Pero sobre esta superficie se alzan diecisiete construcciones, las más impresionantes de las cuales se elevan hasta 45 metros.

Al fondo de la Plaza Mayor cuadrada, rodeada a derecha e izquierda por altas pirámides, bautizadas como templo I y templo II, hay un "bosque de estelas" conmemorativas y de altares para el sacrificio (en total unos cuarenta monolitos) delante de tres nuevas pirámides a las que se ha denominado prosaicamente templos 32, 33 y 34. Éstos están dispuestos de cara al visitante y los sigue un pequeño patio simétrico a cuyo alrededor se sitúan ordenadamente nuevas pirámides, más pequeñas. En la Plaza Mayor era donde tenían lugar las celebraciones dinásticas que exaltaban el poder de los soberanos de Tikal.

Aunque los mayas hayan querido sacar partido de la menor elevación, del menor pliegue del terreno por lo general plano de Petén para levantar allí su acrópolis, el conjunto está a nivel. No cabe duda de que constituye un conjunto urbanístico cuidadosamente planificado, cuyos rasgos específicos obedecen a un proyecto arquitectónico muy elaborado. La composición está regida tanto por las necesidades del ritual consagrado a las diferentes divinidades, como por la jerarquía de los templos y por el programa en el que se inscriben los monumentos de los soberanos que se van sucediendo.

Esta subordinación a un plan unitario demuestra que los mayas hacían proyectos a largo plazo, que a veces se iban desarrollando en el transcurso de varios siglos. Por otro lado, la lectura de las inscripciones permite atribuir en gran parte a un personaje determinado –del que se puede distinguir el nombre y las fechas de reinado– cada monumento, cada tumba, cada estela. La historia de las construcciones refleja los acontecimientos que atañen a la ciudad, los períodos gloriosos que siguen a las decadencias, revueltas o invasiones.

Tikal cuenta además con grandes calzadas que unían entre sí diferentes barrios de la ciudad, y por las que seguramente pasaban suntuosas procesiones. También tiene depósitos de agua: se trata casi siempre de excavaciones hechas en las canteras al aire libre, para la explotación de la roca, de la que los obreros extraían los materiales de construcción. Estos depósitos de agua potable, situados por debajo de las plazas y las explanadas, de forma que recibían sus aguas de escorrentía, se llenaban durante la estación de las lluvias.

Tikal es el ejemplo más espectacular de las ciudades de Petén y de Belice, en las tierras bajas. Pero las ciudades mayas de la época clásica se cuentan por decenas: además de las ya citadas de Uaxactún y Cerros, hay que mencionar Nakum, Naranjo, Río Azul, Altún Há, Xultún, etc. Todas ellas están dotadas de una serie de construcciones que los arqueólogos van rescatando pacientemente de entre la vegetación y el humus.

Hay variantes locales, pero casi todas tienen pirámides, plataformas, palacios, juegos de pelota y estelas o altares, que constituyen el repertorio normal de los monumentos simbólico-religiosos de los centros mayas.

La acrópolis norte de Tikal. En un milenio, diversas construcciones fueron aquí superpuestas.

Estas ciudades, agrupadas en principados bajo el poder de un soberano, gozaban, al parecer, de una cierta autonomía en el aspecto cultural y religioso. Se enfrentaban con frecuencia en combates tribales, durante los cuales el vencedor tomaba prisioneros y los destinaba a sacrificios cruentos. Pero también había, entre estas ciudades diseminadas en la selva pluvial, fuertes lazos basados en los intercambios y en un comercio activo. Productos como el cacao o las conchas marinas eran objeto de tráfico entre las tierras bajas y los altiplanos mexicanos. Asimismo, al final de la civilización maya, la metalurgia del oro aparece cuando empiezan a establecerse las relaciones comerciales entre las culturas andinas y las civilizaciones mexicanas, por mediación de los pueblos de América central.

Estas rutas comerciales han sido reconstruidas en parte. Con frecuencia se cruzan con los caminos de las migraciones, que traen a territorio maya influencias artísticas lejanas, especialmente en el aspecto arquitectónico. Una corriente procedente de la gran ciudad de Teotihuacán, no lejos del actual México, llega hasta Tikal hacia el 375. En esta época, asistimos a la irrupción de formas mexicanas en tierra maya: la solución del talud-tablero de Teotihuacán reemplaza los escalones de las pirámides. Se trata de un tipo de peldaños con base inclinada en forma de glacis, rematado por un tablero saliente, provisto de un marco. Este modelado –en el que se alternan un elemento cuya inclinación supera los 60º y una superficie vertical provista de marco– sustituye durante un tiempo a los característicos de las pirámides de Tikal.

A partir del 534 de nuestra era, los arqueólogos observan una especie de "interrupción" en la cronología: las inscripciones –que normalmente se suceden de manera continua– desaparecen del todo. Simultáneamente, empiezan a escasear las grandes construcciones. En las obras clásicas el trabajo no se reanuda plenamente hasta finales del siglo VI. El mundo maya ha llegado ya a su apogeo: la población, la construcción y el número de inscripciones lapidarias alcanzan aquí su esplendor.

En los siglos VII y VIII la ciudad de Tikal tuvo una civilización fastuosa, como lo demuestran los descubrimientos hechos en la tumba del señor Ah-Cacao, descubierta en 1962 bajo el templo I, llamada Pirámide del Gran Jaguar. Esta tumba, que se remonta aproximadamente al 734 de nuestra era, fecha en la que su hijo le sucede en el trono de Tikal, contenía ricos obsequios de jade y conchas, así como cerámicas y huesos grabados con la efigie de los dioses, realizada con extraordinaria delicadeza.

Todos estos hallazgos nos ayudan a imaginar cómo sería la existencia de esta "nobleza" maya, con sus ropas de algodón de una blancura espectacular, sus uniformes de gala de colores fuertes, sus tocados de plumas resplandecientes, sus joyas de jade, sus sacerdotes ofreciendo sacrificios en los altares de piedra entre aromáticos humos de copal. Al son de trompetas y entre cantos rituales, todo un pueblo se agita delante de las pirámides pintadas de rojo, situadas en medio de la omnipresente vegetación tropical donde gritan papagayos, quetzales y tucanes deslumbrantes.

Después de la fatídica fecha que figura en la última estela de Tikal –el 869–, la cronología se detiene bruscamente. Al sudeste del país, en el territorio montañoso que rodea la cuenca del río Motagua, se extiende una provincia que marca la civilización urbana de los mayas clásicos. En esta zona, formada por los pliegues de la Sierra Madre, rocas como la andesita y la traquita condujeron a las tribus precolombinas a concebir un arte en el que la piedra, hábilmente tallada, ocupa un lugar destacado.

En efecto, se constata que la arquitectura produce aquí unas bóvedas abocinadas, aparejadas por capas horizontales, y que la escultura se ha desarrollado de forma admirable: hay estelas y altares de gran tamaño en todos los emplazamientos antiguos.

Estos caracteres son particularmente evidentes en dos ciudades: Quirigua y Copán. La primera, situada en el curso inferior del río Motagua, no lejos de su embocadura en el golfo de Honduras y el Caribe, es célebre por sus monolitos esculpidos. Aquí se encuentra la estela más grande del mundo maya: un bloque de 10,6 metros, que pesa como mínimo 65 toneladas. Esta estela E, que data del 771 de nuestra era, se alza en la fértil planicie. La llevaron allí a través de los canales de irrigación que unían las colinas cercanas con la ciudad de Quirigua. Su transporte se llevó a cabo –como ocurrió con los bloques olmecas de La Venta– a bordo de balsas hechas con la ayuda de troncos sacados de la selva pluvial.

En Quirigua, la Plaza Mayor, orientada en sentido norte/sur, está jalonada de estelas cuyas fechas se suceden regularmente cada cinco años, entre el 746 y el 810, época en la que toda actividad parece cesar en la ciudad. La calidad de estas obras, que demuestran un notable sentido de la escultura en altorrelieve, se reafirma en una serie de altares monolíticos. El "zoomorfo" P, que representa al monstruo de la Tierra, ofrece una ornamentación de un barroquismo sorprendente, en el que se mezclan los jeroglíficos y los adornos simbólicos. En el centro, una figura humana sentada "en postura india" sale de la boca, provista de colmillos, de un ser terrorífico. El personaje, en el que se puede reconocer a un soberano tocado con una corona complicada y suntuosa, está representado de frente, dentro de la gruta cósmica.

Este motivo, que retoma textualmente una fórmula olmeca, evoca un célebre altar de La Venta expuesto en el Museo-Parque de Villahermosa. La coincidencia seguramente no es casual, a pesar de los muchos siglos que separan estas dos obras: los olmecas iban a las montañas que rodean la cuenca del río Motagua a explotar una cantera de jade verde, material que para ellos, antes que para los mayas, fue el símbolo del renacer y de la vida en el más allá.

La autonomía artística de las ciudades mayas es evidente si comparamos los estilos de los distintos emplazamientos donde se han producido estelas: cada uno posee su propia expresividad. No se puede confundir una escultura de Quirigua (o de Copán), que se caracteriza por su personaje de frente, con un relieve acusado, con una estela de Tikal, donde el soberano está representado de perfil y en bajorrelieve casi plano. Del mismo modo, la ornamentación casi siempre estructurada que rodea la cabeza de la efigie principal se limita en Quirigua a unos esbozos casi geométricos, mientras que en Tikal la escena hierática reproduce con meticulosa precisión cada detalle del atuendo y de los objetos para el ceremonial que lleva el jerarca.

Quirigua, situada en la fértil planicie que está a orillas del río, nunca alcanzó dimensiones comparables a las de Copán, de la que con toda seguridad dependía políticamente. Un soberano de Copán, denominado "18-Conejo" fue, sin embargo, vencido en el 738 por el rey de Quirigua.

Copán, que está entre las ciudades clásicas más originales, dista tan sólo 50 kilómetros de Quirigua y forma parte del territorio de la actual Honduras. Domina una región de colinas bañadas por un afluente del Motagua, el río Copán. Por lo demás, este río, durante las violentas crecidas, ha erosionado la acrópolis a la que circunda por el lado este. Asimismo, ha dejado al descubierto –en una especie de corte estratigráfico– la estructura del terreno. Así se puede observar que las construcciones ceremoniales de Copán están levantadas en gran parte sobre una gran terraza artificial.

El centro de la ciudad se inscribe dentro de un rectángulo orientado en sentido norte/sur, que mide 500 metros de largo por 300 de ancho (15 hectáreas), y que sigue unas reglas ortogonales. La mayor parte de esta explanada, cuidadosamente nivelada y rodeada de terraplenes sobre los que se alzan plataformas y pirámides, está hecha, por tanto, de terrazas cuyos materiales han sido acarreados por el hombre. Hasta 30 metros de alto y sobre una superficie de 3,5 hectáreas, los mayas acumularon cerca de un millón de metros cúbicos de materiales destinados a construir la famosa plaza jalonada por una docena de estelas. Las estructuras piramidales más altas están a unos 38 metros sobre el nivel del río.

En la última década, Copán ha sido objeto de fructíferas campañas de excavaciones y restauración. En particular, sobre la acrópolis, la imponente escalinata jeroglífica –que reúne cerca de 2.500 glifos esculpidos en la parte anterior de sus 63 peldaños– ha sido restaurada a raíz del descubrimiento de una tumba subterránea. Esta gran inscripción –el documento dinástico más largo que actualmente se conoce en la región maya– merece ser estudiada, pero el desorden con el que fueron colocados ciertos jeroglíficos durante las primeras expediciones arqueológicas dificulta su interpretación. Sabemos, sin embargo, que las fechas enumeradas están entre el 545 y el 757. Esta monumental escalinata, rodeada de barandillas, conduce a una pequeña *cella* que forma el sanctasanctórum de la pirámide.

Cabeza de un coloso de piedra en Copán.

Al sur se levanta la importante estructura 22, cuya puerta representa la entrada al más allá, y domina la plaza oriental, circunvalada por gradas, que está más abajo. Hay una serie de grandes escalinatas que delimitan plazas y confieren una poderosa articulación urbanística al conjunto de edificios que rematan la acrópolis.

Al final de una escalinata de no menos de 90 metros de ancho, al sur de la Plaza Mayor, se levanta un curioso santuario. Adosado a la parte posterior de este templo, hay un palacio que domina una terraza llamada "Tribuna de los espectadores", flanqueada por la plaza occidental. Las gradas erigidas a lo largo de esta Tribuna forman, a su vez, una escalinata jeroglífica.

Casi toda la parte superior de esta acrópolis es obra de un solo soberano, llamado Yax-Pac, que empezó a reinar en el 763 y se mantuvo más de cuarenta años en el trono. La estela 11 de Copán conmemora su apoteosis en el 810, calificándolo de "Padre de la Patria". Poco antes de su final, este soberano remodeló las edificaciones que rematan la acrópolis de Copán. Por aquella época, el conjunto de las ciudades mayas de Guatemala estaba ya en plena decadencia.

Capítulo III

La caída de los dioses

Durante el período Clásico, que duró más de 600 años, la cultura maya alcanzó su mayor apogeo, sin ningún lugar a dudas. Florecieron la arquitectura, el arte y la ciencia hasta transformarla en una civilización sorprendente. Sin embargo desde el 900 hasta el 1500 (lo que se denominó el período Posclásico), para mayor exactitud hacia el 1521 con el comienzo del dominio español en México, comenzó una inexplicable declinación.

Con la misma rapidez con que se habían desarrollado, las ciudades más importantes comenzaron a marchitarse y fueron abandonadas. Los expertos aún no han podido determinar la causa de la caída de la civilización maya, aunque existen muchas teorías.

Una de ellas asegura que, además de las invasiones sufridas, los mayas se vieron debilitados por luchas internas. Algunos dicen que los caudillos más poderosos, tratando de tener el control sobre las rutas de comercio, emprendieron campañas de guerra contra sus vecinos.

Otros consideran que la pobreza de las cosechas, como resultado de intensas sequías u otros desastres naturales, produjeron hambrunas que diezmaron a la población y la obligaron a emigrar.

Otra teoría sugiere que el pueblo se levantó contra sus autocráticos gobernantes.

El período Medio fue la época del afianzamiento de los logros culturales alcanzados (escultura, escritura jeroglífica, construcciones, etc.) y de la consolidación de las ganancias territoriales hechas en el período anterior. Continuó el techado de la bóveda angular y apareció la fase cerámica Tepeuh. Los centros ceremoniales se multiplicaron en el período Medio y el "Viejo Imperio" creció en todas direcciones.

El período Grande fue propiamente la edad de oro de la cultura maya, el tiempo en que alcanzó el "Viejo Imperio" su máxima extensión: Guatemala, Chiapas, Campeche, Yucatán (Chichén ltzá) y Honduras. Aquí continúa la fase cerámica Tepuh y el período II de la bóveda de piedras saledizas.

Según estudios recientes, el principio de Tzakol debe colocarse en el 250 d. C. y la fase Tepeuh abarca de 600 a 1000 d. C. Los mayas adoptaron la costumbre de erigir monumentos conmemorativos, conocidos con el nombre de estelas, al fin de cada período de su era cronológica. Al principio sólo unas cuantas ciudades lo hacían pero su número aumentó a medida que se fortaleció y expandió su cultura; tal práctica empezó a decaer poco a poco después de 790.

Los arqueólogos han concluido que la decadencia ocurrió en diferentes épocas, en distintas áreas; por ejemplo los centros ceremoniales en las tierras bajas de Chiapas y Guatemala fueron abandonados en el siglo VIII, momento en el que muchas ciudades de Yucatán alcanzaban su máximo esplendor durante el período Posclásico.

En dicha etapa la civilización maya sufrió muchas transformaciones, como ya se dijo. El arte y la arquitectura eran sólo una sombra lejana de la gloria que alcanzó en otros tiempos. El comercio tuvo un mayor auge y las tribus guerreras del centro de México como los toltecas, y más adelante los aztecas, se desplazaron hacia el mundo maya trayendo nuevos dioses y nuevos estilos arquitectónicos. Aumentaron las guerras entre ciudades-estados rivales, y cuando los españoles invadieron las tierras de los mayas en el 1520 hallaron un pueblo dividido y debilitado por viejas enemistades.

Después de cruentas batallas, a mediados del siglo XVI los europeos tenían bajo su control la mayor parte del mundo maya.

Aunque algunos historiadores españoles registraron el descubrimiento de templos en ruinas, hasta el siglo XIX el mundo no conoció de la existencia de antiguas ciudades en la selva.

Intrépidos aventureros como el conde Waldeck, John L. Stephens y el artista Frederic Catherwood visitaron los asentamientos y escribieron acerca de ellos. Durante muchos años los intelectuales especularon sobre las fabulosas ruinas como un legado de las tribus perdidas de Israel o de sobrevivientes de la Atlántida. Estos primeros exploradores fueron los pioneros de la arqueología maya. A partir de sus escritos sobre la región se han llevado a cabo innumerables excavaciones en sitios tales como Uxmal, Palenque, Tulum y Chichén Itzá en México, la magnífica y antigua Tikal en Guatemala y Copán en Honduras, un lejano sitio del imperio. Caracol y Lamanai son sólo dos de las ciudades prehispánicas en Belice que actualmente se estudian.

También hay asentamientos en el Salvador, dentro de los cuales el más famoso es Joya de Cerén. Descubierta a partir de 1980, esta aldea agrícola del siglo VII fue sepultada bajo catorce capas de ceniza volcánica y es uno de los más fascinantes hallazgos del mundo maya hasta el momento. Conocida como la "Pompeya del Nuevo Mundo", ha proporcionado información sobre los campesinos de la región, un grupo social del que se sabe muy poco.

Lo que sabemos hasta la fecha acerca de los logros mayas en arquitectura, artes y ciencias, su sistema político y creencias religiosas abre las puertas para otros descubrimientos.

Construyeron grandes ciudades y templos monumentales sin el uso de instrumentos de metal. Cada área urbana era planeada cuidadosamente. Las casas de techo de paja y paredes de yeso o adobe de sus habitantes estaban a una corta distancia del centro. El aporte maya más importante a la arquitectura mundial es el arco korbel, también llamado arco maya, un arco falso formado por bloques de piedra que se proyectan desde cada lado de una pared hasta encontrarse formando un pico. Esta estructura reemplazaba al arco verdadero.

Habría que decir aquí que la bóveda (magníficamente ejemplificada en el arco de triunfo que tiene en su entrada la ciudad de Cava) fue una particularidad arquitectónica de los mayas y, en América Central, sólo ellos la construyeron.

Sin embargo, a diferencia de los romanos que lograron –mediante el uso del cemento– una verdadera revolución, los mayas jamás lograron ampliar el espacio cubierto, como sí lo había hecho el viejo Occidente. En ninguna construcción maya la separación entre las pilastras supera los cuatro metros y medio, en razón de que ignoraban la verdadera clave para la construcción de la bóveda. Más aún: si no hubiesen hecho uso del cemento, la bóveda maya se hubría hundido. Su factura requería de un trabajo casi artesanal, y muchas veces acababa en el desmoronamiento.

Las piedras de la bóveda maya no se sostenían por sí solas –como en el caso de la bóveda romana– sino que debían ser talladas como si fueran verdaderos engranajes, con dientes que ensamblaran entre una piedra y otra. Este complicadísimo ensamble, a su vez, era fijado con cemento. Y el proceso para cementarlas se llevaba a cabo sosteniéndolas con pilotes.

Cualquier arquitecto moderno diría que la bóveda maya era, en realidad, una falsa bóveda, en la medida en que no es ella la que sostiene al resto de la construcción sino que es sostenida por el conjunto.

Lo curioso es que, siendo los mayas destacados arquitectos, no hayan sabido sacarle provecho a los materiales que conocían y poseían. Así, la imposibilidad de emplear la bóveda como un recurso arquitectónico capaz de ampliar espacios y aportarle magnificencia a los edificios los privó de que sus construcciones alcanzasen el esplendor que podían haber logrado.

Podría pensarse también que, así como para los romanos la bóveda fue un recurso de capital importancia arquitectónica, para los mayas no fue más que un símbolo. Acaso sólo pretendían evocar con ella el interior de los primeros templos, aquellos que habían sido construidos con paja y barro.

Arquitectónicamente se destacan con claridad dos estilos: el maya puro, cuyos edificios datan de los siglos VI al X, y el maya-tolteca que floreció entre las centurias XI y XIV. No todas las ciudades o pueblos mayas tuvieron la misma importancia. Fueron centros urbanos de primera clase: Tikal, Copán y Chichén Itzá, que se convirtió en meca del "Nuevo Imperio", en donde se encuentran los templos-pirámides con columnas de serpientes emplumadas, dedicadas a Kukulcán (Quetzalcóatl para los aztecas). De las siete construcciones en que aparecen esas columnas, las más importantes son el Castillo, por sus dimensiones, y el Templo de los Guerreros, por su grandiosidad. Llaman también la atención la magnitud de los varios juegos de pelota que existen en Chichén ltzá y las grandes columnatas, hasta de 120 metros de largo, como las que rodean el Patio de las Mil Columnas. Otra estructura notable es la torre del Caracol u observatorio astronómico. En Chichén itzá se han descubierto también numerosas pinturas murales y esculturas.

La ciudades que colocamos en segundo orden son: Uaxactún, Yaxchilán, Piedras Negras, Palenque; en tercer lugar: Seibal, Tayasal, Tzibanché, Tulum, Labná, Yaxuná; en cuarto lugar: Tzendales, Lacanhá, Bonampak e isla de Jaina.

Palenque. El templo del Sol.

De este grupo de ciudades consideradas de tercera categoría, acaso Seibal sea la más peculiar. Sus ruinas se elevan sobre el margen derecho del río de la Pasión, un afluente del Usamacinta, y la única forma de acceder a ella es con una piragua como medio de transporte. Se calcula que fue construida entre 731 y 987, que es el período de oro de la civilización maya, que habrá de concluir con la decadencia y caída en el período Clásico.

El desciframiento de las inscripciones halladas revela que Seibal fue el último centro importante levantado por los mayas que llegó a su apogeo. Fue, además, una de las últimas ciudades en ser abandonada.

"Con ocasión de nuestra visita a Seibal –narra Pierre Ivanoff en *Grandes civilizaciones*–, nos llamaron poderosamente la atención los rasgos toltecas, característicos de los personajes esculpidos sobre las estelas, personajes que, sin embargo, van vestidos al modo maya. Parecía muy difícil sacar conclusiones de eso. A partir de 1961, los arqueólogos de la Universidad de Harvard han hecho varias campañas de excavaciones en Seibal. No obstante no han publicado aún ningún informe.

"Los toltecas eran un pueblo del centro de México. Habrían llegado a Seibal y habrían ocupado la ciudad. Estos descubrimientos arqueológicos parecen confirmarlo. Se trata de un hecho único en los anales de Peten".

Y remata Ivanoff, procurando extraer una conclusión en relación con tal curiosidad:

"El río de la Pasión, que fluye por las cercanías de Seibal, aún en nuestros días, durante la estación de las lluvias es el único medio de comunicación entre Petén y la altiplanicie de Guatemala. Seibal es la última etapa anterior a la región montañosa, una especie de ciudad fronteriza: de este modo se explica más fácilmente su ocupación por los toltecas".

Para los arqueólogos, la importancia como ciudad se especifica a partir del estudio que se realizó tomando en consideración las preferencias de los ciudadanos por vivir en cada una de ellas, así como a los movimientos migratorios. Tikal fue el centro más grande de la civilización maya del "Viejo Imperio". Arquitectónicamente se caracteriza por sus cinco grandes templos-pirámides que son las construcciones más elevadas del área maya. Los grabados en madera más hermosos de toda la región maya se encuentran en los dinteles de las puertas de esos templos.

La escultura lapidaria es más bien exigua. Palenque, Yaxchilán y Piedras Negras son las tres ciudades mayores del valle del Usumacinta. La escultura en bajorrelieve llegó en Palenque a su máxima expresión artística; como ejemplos más notables están entre otros el tablero del Templo de la Cruz de Palenque y la losa cubierta de jeroglíficos encontrada en el Patio de la Torre del Grupo del Palacio.

Es cierto que en el "Nuevo Imperio" la escultura queda más bien subordinada a la arquitectura, limitada casi sólo al embellecimiento de las fachadas. Las producciones escultóricas son en su mayoría pesadas, demasiado rígidas, inexpresivas y, en muchos casos, toscas. Ejemplos de ellas son los *chac-mooles*, las cariátides, los portaestandartes, los tronos de jaguares, etc.

Copán, en Honduras, es considerada como la segunda metrópoli de la mitad sur de la península, el centro de la sabiduría del "Viejo Imperio", en especial por lo que a la astronomía toca. Consta de un grupo principal y unos dieciséis subgrupos dependientes de aquél. El primero se compone de la Acrópolis y cinco plazas anexas. La Acrópolis es un complejo arquitectónico de pirámides, terrazas y templos que ocupa cerca de cinco hectáreas. La escultura de Copán es sólo superada por la de las tres ciudades del valle del Usumacinta mencionadas anteriormente.

Tan importante resultaba para esta civilización la arquitectura que los arquitectos eran un grupo destacado en la estructura social, estaban por encima de los escultores, los ceramistas y otros artesanos. Por supuesto también por sobre los campesinos, sirvientes y esclavos, que eran los de menor categoría.

Los soldados eran importantes en tiempos de conflicto; en tiempos de paz estaban más abajo que los arquitectos y comerciantes en la escala social. La mayoría de los mayas eran campesinos que sostenían a una minoritaria clase dominante.

La clase social de mayor jerarquía correspondía a los gobernantes, que representaban la figura de Dios en la tierra; gobernaban y decidían cuándo había que hacer la guerra o pactar la paz; regían en el comercio y las alianzas maritales. El gobernante era apoyado por la casta sacerdotal, la nobleza y sus guerreros. Sólo él o sus sacerdotes estaban autorizados para realizar las ceremonias religiosas en los templos.

Tratándose de matemáticas, el tiempo y los calendarios, los mayas fueron verdaderos genios. Por su creencia de que el tiempo era cíclico, idearon dos calendarios, uno de los cuales era usado en los rituales, celebraciones religiosas y predicciones astrológicas (260 días). El otro, en cambio, oficiaba de calendario solar basado en cálculos que consideraban que el año tenía alrededor de 365 días.

Ambos estaban interrelacionados y en conjunto ofrecían un conteo de días mucho más preciso que el calendario gregoriano. Seguían el movimiento del Sol, la Luna y las estrellas con tal exactitud que los astrónomos podían predecir fenómenos como los eclipses y los equinoccios de primavera y de verano. La clase sacerdotal

–que manejaba esta sabiduría– asombraba al pueblo y le hacía pensar que sus jefes espirituales estaban íntimamente ligados a sus deidades: el Sol, la Luna, Venus, etcétera.

La construcción de la pirámide de Kukulcán en Chichén Itzá, por ejemplo, es tan precisa que cada equinoccio el sol poniente proyecta una larga sombra sobre sus peldaños en el mismo punto, dibujando así una gran serpiente que parece deslizarse hacia abajo por el costado del edificio.

Los templos en Dzibilchaltún, también en Yucatán, y Edzná en Campeche poseen cámaras donde se producen anualmente hermosas alineaciones solares. En la primera, largos rayos de luz solar se encuentran exactamente al centro de dos ventanas opuestas; en Edzná, la máscara del dios sol se ilumina bellamente.

Los mayas fueron la primera civilización mesoamericana en conocer el cero y lo usaron mucho antes de que fuera descubierto en otras latitudes. Sin embargo, en lugar del sistema decimal, usaron la cuenta vigesimal –multiplicando por 20 en lugar de por 10– para señalar el paso del tiempo; generalmente usaban el *katún*, un período de veinte años. Se cree que entre las centurias IV y III a. C. los sacerdotes mayas idearon un sistema de numeración que se basó en la posición de las cifras y en el empleo del cero. Representaban las unidades hasta cuatro por medio de puntos, el cinco con barra y el cero por una especie de concha. Utilizaban las posiciones para representar cifras mayores de diecinueve. En su sistema el valor de las posiciones aumenta de veinte en veinte, de abajo para arriba.

Cabe destacar además que los mayas conocían la rueda, pero sólo la usaron en juguetes para los niños

Otra muestra de su genio fue el sistema de escritura jeroglífica que desarrollaron. Los glifos adornan las estelas y templos en todo el mundo maya; hoy se sabe que los mayas erigían estelas para conmemorar hechos históricos.

La interpretación de los glifos constituyó un tropiezo mayor para los mayanistas hasta hace veinte años, cuando un equipo de arqueólogos de México y Estados Unidos descifró un código en Palenque, en el estado de Chiapas.

Desde entonces estos investigadores han traducido muchas secuencias de glifos e incluso han identificado a algunos de los gobernantes en ciudades tales como Palenque, Yaxchilán (Chiapas), Piedras Negras y Tikal (Guatemala). La famosa Escalera de los Jeroglíficos en Copán es otro ejemplo destacado del uso de la lengua –se trata de en un monumento que conmemora los logros de la dinastía real y es probablemente el relato escrito más grande acerca de la historia de la civilización maya.

La escalera de jeroglíficos de Copán, con 2.500 signos esculpidos en la piedra.

Por desgracia, muchos códices mayas escritos en piel de venado o en papel amate, hecho de corteza de árbol, fueron destruidos a causa del fanatismo religioso de los sacerdotes españoles durante los autos de fe en el siglo XVI; otros sucumbieron a los estragos del tiempo. Hasta la fecha se han recuperado sólo tres de estos códices, entre ellos el famoso códice Dresden.

Estos manuscritos estaban dispuestos en tiras largas que se doblaban a manera de biombo. A través del estudio de ellos, los arqueólogos han descubierto pasajes mitológicos, de historia, religión, astrología y ciencias. Otro de los códicees Dresden contiene información sobre eclipses y los movimientos de Venus. El *Tro-Cortesiano* es, en su mayor parte, un libro de adivinanzas que ayudaba a los sacerdotes a predecir la suerte, y el *Pereciano* es fundamentalmente ritualista.

Los mayas también mantenían una rica tradición oral que en alguna medida forjaron su cultura y que se acentuó cuando los códigos fueron destruidos. Un texto del antiguo *Popol Vuh* (Libro de Consejos) es un manuscrito en lengua maya de la región del quiché (Guatemala); fue descubierto por un fraile español en el siglo XVII y rescatado del olvido. Traducido al español, el *Popol Vuh* es la historia de la creación en la que se describe cómo los dioses formaron la tierra a partir del caos y produjeron la luz y la vida. Después crearon al hombre de maíz para que fuera el guardián del universo.

Hasta hoy, los mayas todavía consideran la tierra como sagrada y el maíz aún es la base de su alimentación. En Yucatán, México, fue hallado y todavía se conserva el *Chilam Balam*, un libro de historia, astrología, medicina y profecías en lengua maya, pero que usa escritura española en vez de glifos.

Palenque

Es imposible concluir este veloz recorrido por las ciudades mayas sin detenernos brevemente en la que es hoy, para cualquiera de nosotros, la más conocida, la más visitada y la de más fácil acceso: Palenque.

Cuenta la historia que fue en 1750 cuando un grupo de aventureros españoles hallaron el lugar y lo bautizaron con el nombre de Casas de Piedra. Más tarde, en 1784, Don José Calderón recala en la ciudad y, a su manera, redacta un informe sobre ella que habría de desatar la curiosidad arqueológica.

Tres años después, el rey de España, con los papeles de Calderón en las manos y movido por la curiosidad, envía al capitán Antonio del Río a explorar la zona. Éste rebautiza a Casas de Piedra con el nombre de Palenque. Así se llamaba, en realidad una población vecina.

Y aunque la tosquedad científica de del Río, que creyó encontrar ahí vestigios de la civilización egipcia, evitó que pudiera hacer aportes arqueológicos significativos, Palenque se transformó en un enigma a ser dilucidado para los investigadores de la época.

Sin embargo, será en 1840, con la llegada de John L. Stephens y Fréderik Catherwood, cuando los misterios de la ciudad maya comenzaron a salir a la luz. En su obra *Incidents of Travel, Yucatán and Chiapas*, Stephens, con ilustraciones de Catherwood, describe con precisión la ciudad, analiza las fuentes históricas reflejadas en la civilización de sus constructores y habla de las fuertes influencias toltecas que la caracterizan.

Un acueducto precolombino que recoge las aguas del arroyo Oyulun para hacerlas llegar a la ciudad convive, en Palenque, con el Palacio hacia el oeste, y el Templo de las Inscripciones a la derecha de aquél.

Al norte del Palacio se eleva un complejo de edificios entre los que se destacan el templo del Conde; al este, diversos templetes como el del Sol, el de la Colina y el de la Cruz afloran entre la vegetación.

Palenque es, además, como la caracteriza Ivanoff, "la capital del estuco". Escribe el arqueólogo:

"Todas las ciudades del período clásico han visto cómo sus fachadas se cubrían de modelado de estuco, pero es rarísimo poder admirarlos aun *in situ*, debido a la extrema fragilidad del material. Empleando una cal de grano finísimo y agua, en la cual previamente habían mezclado resina, los mayas obtenían un estuco que se endurecía al secarse, pero que, no obstante, se alteraba al exponerse a la humedad. En Palenque se han conservado afortunadamente algunos de estos modelados, gracias a las lentas filtraciones de agua que poco a poco las cubrieron de una capa calcárea protectora. Perturbando el ambiente higrométrico, la tala de árboles para levantar planos y para las excavaciones arqueológicas han provocado el desecamiento de dicha protección natural, y numerosos motivos se han pulverizado…"

"Es sobre todo la calidad inigualada de estos modelados lo que ha creado la fama de Palenque. Entre los ejemplares de estucos decorativos encontrados en otras ciudades, ninguno alcanza el arte excepcional de los de Palenque".

Es indiscutible también que el Palacio de Palenque simboliza, quizás con mayor elocuencia que otras construcciones, la esencia de la civilización maya. Se trata de un imponente y sólido conjunto de edificios montados sobre una larga base con forma de trapecio. Cinco entradas, enmarcadas por seis pilastras de dos metros de espesor, conforman la fachada que mira hacia el Poniente, en donde la mayor parte de los personajes moldeados en estuco se han mantenido incólumes al paso del tiempo.

Los edificios que constituyen el complejo del Palacio se agrupan en torno a cuatro patios interiores. El central, el patio de la Torre, el occidental y el del este.

Templo de las inscripciones de Palenque. Su nombre se debe a los 620 jeroglíficos en él tallados.

El Templo de las Inscripciones, en tanto, habita en la cima de una pirámide de 16 metros de altura, construida sobre nueve terrazas superpuestas. Consta de cinco entradas, enmarcadas por seis pilastras sobre las cuales se modelaron en estuco seres monstruosos con los pies terminados en cuerpos de serpientes. Debe su nombre a los seiscientos veinte grifos esculpidos que se hallan en la pared del fondo a ambos lados de la entrada principal de la segunda sala del templo. Esta inscripción es la más larga que han dejado los mayas en sus ciudades, salvo Copán.

Capítulo IV

La lengua y los mitos

La familia lingüística maya está formada por un conjunto de lenguas emparentadas entre sí que ascienden quizá a unas veinte, habladas por cerca de dos millones de personas.

Según estudios recientes las lenguas mayas se clasifican en diez divisiones distintas. Sin embargo, el conocimiento imperfecto que aún se tiene de estos idiomas y la delimitación imprecisa entre las lenguas y los dialectos a ellas pertenecientes hace que surjan discrepancias en cuanto al número de idiomas que comprende la familia y los grupos en que ésta se subdivide.

Los idiomas que en México tienen mayor importancia por el número de hablantes que todavía poseen son el maya, el zotzil, el tzeltal y el huasteco.

Debido a los especiales giros del lenguaje de los mayas clásicos, de los mayas con influencia tolteca e incluso azteca, en esta reseña de términos mayas constarán indistintamente palabras en cualquiera de estas lenguas que pudieran ser similares.

El objetivo es dar a conocer aquellas palabras más utilizadas en el idioma maya, independientemente de su origen:

Acat: Es el dios de la vida, formador de los niños en el vientre de sus madres.

Ah Puch: Véase Hun-Camé.

Ahau Chamahez: Dios de la medicina. Junto con Cit Bolon Tum y con Ixchel, patrona de los curanderos, de los partos y nacimientos, comformaban una tríada.

Ahau Kinich: Era la representación deificada del Sol para los mayas del Yucatán; posiblemente un aspecto del dios creador Itzamná. En su tránsito nocturno por el mundo inferior se lo representa como el dios Jaguar, el felino nocturno, por lo que a los cielos estrellados se los describe como la piel moteada del jaguar.

Ahauab de Xibalbá: (Los señores de la Noche). Con esta denominación se conoce a los señores del Infierno, asistentes directos de los señores principales, Hun-Camé y Vucub-Camé, los padres y soberanos del Inframundo. Los señores infernales más conocidos son: Ahalcaná, "El que hace la Aguadija", y Ahalpuh,

"El que labra las Materias", cuyo oficio era hinchar a los hombres, producirles materias purulentas en las piernas y causarles amarillez en sus rostros; Ahalmez, "El que hace la Basura", y Ahaltocob, "El que causa la Miseria", que tenían por oficio punzar a los hombres para que les sucediera el mal y murieran boca abajo, en la puerta de su casa o detrás de ella; Cuchumaquic, "La Sangre Junta", y Xiquiripat, "La Angarilla Voladora", cuya misión era causar los derrames de sangre en los hombres; Chamiabac, también llamado "Vara de Hueso", y Chamiaholom, la "Vara de Calavera", eran los alguaciles del Infierno, se abocaban a enflaquecer a los hombres hasta que se quedaran sólo huesos y murieran con la piel del vientre pegada a la columna vertebral; otros señores eran Patán y Quicxic, encargados de golpear el corazón de los hombres causando la muerte repentina que se producía al echar sangre por la boca.

Ahmakiq: Dios de la agricultura, encierra al viento cuando amenaza con destruir las cosechas.

Alaghom-Naom: Es la diosa de la tierra, la abundancia y la sabiduría. Creadora del conocimiento consciente y el pensamiento.

Bacabs (los 4 Bacabs): Son los dioses del viento y pilares del Cielo, ya que sostenían el Cielo sobre sus espaldas en los cuatro rincones del Universo; representan a los puntos cardinales. Uno llevaba una caracola de mar en su espalda, otro una tela de araña, el tercero un caparazón de tortuga y el cuarto una concha en espiral. Son también dioses de la apicultura.

Backlum-Chaam: Es el Príapo maya.

Camazotz: Dios-murciélago del Inframundo.

Cenote: Término utilizado para designar un pequeño estanque o depósito de agua alimentado por corrientes subterráneas y originado por el hundimiento de una caverna. En el Cenote Sagrado se arrojaban gran cantidad de objetos, con lo que se convirtieron en cenagosos museos del arte prehispánico; también se realizaban sacrificios humanos, arrojando a sus profundidades mujeres, niños e incluso hombres adultos.

Cit Bolon Tum: Es el otro dios de la medicina, junto con Ahau Chamahez.

Chac: Dios de la lluvia. Uno de los dioses más importantes del panteón maya, representado con una nariz larga y curva. Era el dispensador de la lluvia fecundadora, el protector del joven dios del maíz constantemente amenazado de muerte por la divinidad de la sequía. Un animal asociado a él es la pequeña *uo*, ranita que se presenta croando ruidosamente con los inicios de la estación de las lluvias.

Chamiabac y Chamiaholom: Son los alguaciles del Infierno.

Chilam Balam: La palabra Chilam se aplicaba a una clase de sacerdotes que eran oráculos, adivinos y profetas, mientras que la palabra *Balam* traducida como "jaguar", indica algo misterioso y oculto. Los llamados *Libros de Chilam Balam* son los libros sagrados de los sacerdotes mayas, que se suponen traducciones literales al alfabeto latino de los originales en lengua jeroglífica maya.

Chin: Dios del vicio.

Ec Agua: El llamado Jefe Negro, una de las divinidades de la guerra. También se le supone el señor de las plantaciones de cacao.

Ekchuan: Dios de la estrella polar, patrón de los viajeros y los comerciantes. Mantenía constantes relaciones con el Mundo Inferior.

Hun-Camé: Uno de los nombres del dios maléfico principal, dios de la Muerte y Gran Señor de los Infiernos; se lo representa como una calavera descarnada y su nombre es traducido como "Uno Tomador". Junto con **Vucub-Camé** eran los dos señores principales de Xibalbá, los grandes jueces del Infierno. Por su numerosa representación en los códices se clasificó inicialmente como el Dios A, y se lo conoce también por los nombres de Ah Puch y Hun-Ahau. Se asocia con Cizibn (el "hedor"), que es la deidad que más se venera en la actualidad a lo largo de toda el área maya desde Chiapas a Yucatán.

Hunahpú: Junto con su hermano Ixbalanqué, son los héroes gemelos del *Popol-Vuh*, que entraron en el Inframundo y derrotaron a los señores del Infierno, saliendo convertidos en el Sol y la Luna.

Huracán: Dios de los huracanes (de donde nosotros hemos tomado la palabra para designar estos fenómenos atmosféricos). Su nombre se traduce como "Corazón del Cielo". Se presenta en forma de tres manifestaciones distintas: Caculhá Huracán, el "Rayo de una Pierna", Chipí Caculhá, el "Más pequeño de los Rayos", y Raxá Caculhá, el "Rayo muy Hermoso".

Itzamná: Es el dios principal del panteón maya, el viejo dios del Cielo, creador y civilizador que había enseñado las ciencias a los hombres, inventor del dibujo y de la escritura jeroglífica. A veces se lo representaba simplemente como una mano roja. Se supone que el dios maya del Sol no era, tal vez, más que Itzamná bajo otra forma.

Ixbalanqué: Junto con su hermano Hunahpú, como vimos, son los héroes gemelos del *Popol-Vuh*, que entraron en el Inframundo y derrotaron a los señores del Infierno, saliendo convertidos en el Sol y la Luna.

Ixchel: Diosa de la luna y del arcoiris, esposa de Itzamná y famosa por su infidelidad e inconstacia amorosa; en ocasiones poco benévola para los humanos ya que era la dama de las inundaciones devastadoras. También era la diosa de los alumbramientos; las futuras madres a menudo realizaban peregrinajes a la isla de Cozumel o isla Mujeres en México, que se encontraba bajo la protección de esta diosa.

Ixchelbelyar: Diosa de las artes, además de los tejidos y bordados.

Ixquic: Su nombre se traduce como "Sangre"; era la hija de Cuchumaquic, uno de los señores de Xibalbá, que según la leyenda concibió a los héroes gemelos, Ixbalanqué y Hunahpú, mediante la saliva de la cabeza de Hun Hunahpú que cayó en la palma de su mano. Fue expulsada por su padre de Xibalbá y se escapó a Uleu, la Tierra.

Ixtab: Diosa del suicidio, era la patrona de los que se suicidaban y en especial de los que se ahorcaban, a los que ayudaba a alcanzar el Paraíso sin extraviarse.

Ixtuntun: Patrón protector de los grabadores de jade.

Kan u Uayeyab: Dios guardián de las ciudades.

Kisin: Es el espíritu maligno de los terremotos. Vive bajo la tierra, en un purgatorio donde todas las almas están un tiempo, excepto los soldados muertos en la batalla y las mujeres que murieron de parto.

Lenguaje de Zulúa: Este término se refiere a la importancia mágica de la palabra que debía permanecer oculta para el pueblo en general.

El "Lenguaje de Zulúa" denominaba a un conjunto de conocimientos esotéricos trasmitidos secretamente de padres a hijos en la aristocracia maya. Entre los mayas del Yucatán existía una figura llamada Alachuinic, "Hombre Verdadero", encargado de someter cada 20 años a los hombres de alcurnia al llamado "Interrogatorio de los Jefes", para que los candidatos a tomar la dirección de una población demostraran sus conocimientos.

Mitnal El Mitnal o Mictlan: Es un término en lengua maya utilizado para designar al Noveno Infierno. Para los mayas el Mundo Inferior estaba constituido por nueve zonas, siendo la última la más aterradora de todas, el llamado Mitnal. Algunos mitólogos asocian el nombre de Mitnal al dios de la Muerte y dueño de los Infiernos.

Nacon: Uno de los dioses de la Guerra.

Oxlahuntikú: Las trece divinidades del mundo superior, una por cada nivel del cielo maya.

Popol-Vuh: Literalmente "El Libro de la Comunidad"; es el Libro Sagrado o Biblia de los mayas quichés. Era en origen un antiguo códice maya y se divide en tres partes fundamentales: la creación y el origen del hombre, las aventuras de los semidioses Hunaphú e Ixbalanqué, y la historia antigua de las tribus indígenas de Guatemala. Este libro desapareció, y en el siglo XVIII, gracias al empeño del padre Fray Francisco Ximénez, se consiguió que unos indios dieran a conocer un libro escrito en lengua quiché poco después de la conquista española (¿1544?), donde se recopilaban estas viejas tradiciones. En la actualidad se llama *Popol Vuh* a esta traducción (también conocida como *Manuscrito de Chichicastenango*).

Pizlimtec: Dios del canto.

Satunsat: Es un curioso edificio hallado en las ruinas de Oxkintok, en el norte de la península del Yucatán, y que no tiene igual en el mundo maya; formado por un laberinto de piedra con tres pisos conectados entre sí por escaleras interiores. Se supone que representa el camino de bajada al Inframundo. Se cree que la persona que se internaba en él experimentaba una especie de "muerte ritual", entrando en comunicación con sus antepasados y con los dioses, renaciendo finalmente con una nueva fuerza y con extraordinarios conocimientos adquiridos durante el fantástico viaje. Este rito iniciático de descenso a los infiernos suponía una catarsis para los gobernantes de la ciudad o los sacerdotes y, actualmente, para ciertos chamanes y curanderos que buscan en su interior revelaciones sobrenaturales.

Teotlachco: Era el Juego de Pelota de los mayas. Este juego estuvo muy extendido en los pueblos de la América antigua, aunque en principio fue panmesoamericano. Consistía en una sangrienta diversión, en ocasiones muy violenta, en la que se cruzaban habitualmente apuestas y era normal que terminara con la muerte de los perdedores, aunque existieron otras variantes que incluían el sacrificio de los vencedores.

No era solamente un acto lúdico o una competición atlética, pues la cancha de juego era en realidad un diagrama cosmológico y la pelota simbolizaba al Sol, lanzada constantemente por el firmamento y que sólo se detenía en los extremos correspondientes a los solsticios. Las zonas de juego estaban habitualmente cerca de los templos, eran rectangulares y con superficies escalonadas, en cuyos muros se habían fijado dos discos de piedra agujereados, uno frente al otro, a través de los cuales cada bando debía introducir la pelota.

Se conoce muy poco de sus reglas y su método de puntuación, aunque se sabe que la pelota, grande, sólida y pesada, de material elástico como el caucho, no se podía tocar con las manos o los pies, debiendo utilizar en su lugar el pecho, el vientre o las caderas. Jugaban dos equipos opuestos que se protegían con un cinturón ancho y pesado de madera y cuero, protectores en muslos y rodillas, guantes y, en algunas zonas, también cascos. Los jugadores debían hacer pasar la pelota por dos anillos de piedra adosados a los muros laterales, y la pelota nunca debía tocar el piso.

El juego de pelota era una violenta diversión que solía acabar con la muerte de los perdedores.

Así las cosas, era muy raro que la pelota pasara a través de los anillos, con lo que el equipo ganador solía ser el que había cometido menos errores, o sea: pelota a tierra, tocada con la mano o fuera del campo.

Mucho más que los mayas, los aztecas eran fanáticos de este juego cruel y con frecuencia letal. Cada palacio tenía su terreno de juego; los encuentros eran encarnizados y las apuestas muy elevadas.

El espíritu deportivo no existía para los aztecas, el juego era una suerte de ceremonia litúrgica mediante la cual los dioses manifestaban sus deseos.

Durante la noche anterior al partido los jugadores permanecían aislados y en oración; rogaban para que los dioses les fuesen favorables y hechizaban los atuendos que habrían de utilizar.

Todas las ciudades mayas poseían al menos un terreno de juego de pelota, y sin ningún lugar a dudas el de Chichén-Itzá era el más imponente. Constaba de dos pequeños templos en los dos extremos del terreno, y el original Templo de los Jaguares, que dominaba la pared oriental. Por una parte, el templo se abría directamente a la gran plaza del Castillo, de cara al Templo de los Guerreros, en tanto la parte superior, o sea el primer plano, daba sobre el terreno de juego a través de un pórtico de columnas serpentiformes.

El terreno de juego propiamente dicho medía 95 metros de largo por 35 de ancho. Estaba flanqueado a lo largo por dos muros de 8 metros de altura. En dichos muros había dos grandes anillos fijos, de piedra, por donde debía pasar la pelota, en posición correspondiente al centro del terreno. A los pies de los muros corrían dos grandes terrazas destinadas a los espectadores.

Al comenzar el juego, los siete jugadores de cada equipo se dirigían al punto en el que estaba una pelota decorada con una calavera. Dos grandes volutas salían del techo, evocando la lengua bífida de la serpiente. Suntuosamente ataviados, los jugadores lucían casco emplumado, cinturones anchos y rodilleras en la pierna derecha. Llevaban, además, en la mano, una masa de madera, rematada con una cabeza de mono, o de serpiente, o una calavera de la cual, hasta hoy, se ignora cuál era su uso.

Tucur: También llamados Tecolotes o mensajeros de los señores del Inframundo. Eran cuatro búhos o lechuzas mágicas: Chavi-Tucur o "Flecha de Búho", rápido como una flecha; Huracán-Tucur o "Piedra de Búho", que no tenía más que una pierna; Caquix-Tucur o "Guacamaya Búho", con alas color rojo de fuego; y Holom-Tucur o "Cabeza de Búho", que era sólo cabeza y alas, sin cuerpo ni piernas.

Tzompantli: Especie de podium en forma de T cerca de los campos de juego de pelota, cuyo nombre significa "Muro de Cráneos"; lugar donde se depositaban las cabezas de los perdedores en el juego de pelota.

Vucub-Camé: Traducido como "Siete Tomadores" era, junto con Hun-Camé, el otro gran señor de Xibalbá, servidos y asistidos por el resto de los señores del Infierno.

Xibalbá: Para los mayas del Yucatán era el diablo, para los mayas-quichés era la región subterránea habitada por los enemigos del hombre, el Mundo Inferior o Infierno, y su nombre puede ser traducido como "Lugar del Espanto".
El territorio de Xibalbá estaba formado por nueve niveles llenos de murciélagos mortíferos y una fauna asquerosa, como perros demoníacos devoradores de almas; cada nivel estaba regido por un señor de la Noche, siendo el nivel más profundo y tenebroso de todos el llamado Mitnal. En el descenso a Xibalbá se cruzaban varios ríos, entre ellos uno de materia (antiguo nombre dado al pus) y otro de sangre, y luego se llegaba a una encrucijada de cuatro caminos: uno negro, otro blanco, otro rojo y el último verde; siguiendo el camino negro se llegaba a las Casas del Sufrimiento o Lugares de Tormento: la Casa de la Oscuridad, la Casa del Frío, la Casa del Fuego, la Casa de las Navajas de Chay o Cuchillos de Pedernal, la Casa de los Tigres, la Casa de los Murciélagos...

Los mayas consideraban a ciertas cuevas como conductos o pasajes que enlazaban directamente con el Infierno, creencia que hoy en día forma parte de las leyendas de los descendientes de los mayas.

Yaxché: Era árbol inmenso (ceiba) que se encontraba cerca de cada uno de los Bacabs que enrraizaban en el mundo subterráneo; y sus ramas acogían las buenas almas, especialmente las de los suicidas.

Yum Kaax: Dios del Maíz. Es quizá uno de los más importantes. Muchos piensan que no es dios del maíz sino el maíz mismo, pues la agricultura y la economía maya se basaba en este cereal. Se lo representaba como un dios joven, atacado constantemente por el dios de la sequía y defendido por el dios de las lluvias.

Quetzalcóatl, entre mayas, aztecas y toltekas

Quetzalcóatl representaba para los aztecas el dios del viento, del agua, de la fertilidad y de la lluvia. Kukulcán era el nombre del mismo dios para los mayas.

Su historia comienza a finales del siglo VIII, cuando las tribus toltecas se infiltran en Teotihuacán y destruyen la ciudad. Es en ese momento cuando los primos de los aztecas deciden adoptar a la Serpiente Emplumada y le dan el nombre de *quetzal* (plumas preciosas) *cóatl* (serpiente).

Rápidamente Quetzalcóatl pasó a convertirse en la principal divinidad tolteca. A tal punto que su nombre estaba revestido de propiedades mágicas y se transformó en el máximo título reservado para los reyes-sacerdotes.

"Cuando los guerreros aztecas –cuenta Pierre Ivanoff–, igualmente (que los toltecas) de lengua *nahua*, se extendieron a su vez por las altiplanicies a partir del XIII, recogieron y asimilaron las tradiciones, las leyendas y las gestas históricas de sus primos toltecas. Por las crónicas nos enteramos de que el quinto soberano tolteca, Quetzalcóalt, vivió cincuenta y dos años, desde el 947 al 999. En realidad se llamaba Ce-Acatl (*Uno Canna)*, por el año de su nacimiento... Quetzalcóatl era un hombre muy feo: ¡tenía barba! Pero era casto, piadoso, justo y benévolo. Fue un gran realizador. Con él comienza la edad de oro de los toltecas".

Edad de oro muy breve, por cierto, porque el soberano, entre las transformaciones que se propuso llevar adelante, intentó sustituir los sacrificios humanos por ofrendas florales, cosa que le valió la cerrada enemistad de los jefes guerreros. Así, los adversarios del monarca se valieron de todo tipo de triquiñuelas para que el rey cayera en errores y pecados. La impureza era, entonces, motivo suficiente para la destitución.

"Todas sus tentativas (las de los jefes guerreros) salieron fallidas –cuenta Ivanoff– hasta el día en que le ofrecieron un espejo. Espantado de su propia fealdad y de sus profundas arrugas, consintió en beber un líquido de elevada graduación alcohólica para alejar esa desagradable impresión. Cantó, continuó bebiendo, olvidó la dignidad y se hundió en una triste desolación. Al día siguiente su corazón estaba lleno de vergüenza. Por eso prefirió abandonar Tolán y tomó, con su séquito, el camino de Tlapolán, en dirección oriental..."

Las crónicas aztecas, remarca Ivanoff, hacen hincapié en el hecho de que el rey huyó hacia el Este, país de color rojo y negro, a fin de llegar al mar y morir entre las llamas. Añaden, además, que el monarca tolteca había declarado antes de partir que volvería del Este por mar para restaurar su reino. Una profecía que sin lugar a dudas favoreció, por casualidad, los planes de Hernán Cortés.

El emperador Moctezuma imaginó que aquellas crónicas se habían vuelto realidad cuando vio a un hombre con barba, blanco –color simbólico del Oeste– y que llegaba por el Este. Además, por mar y en el año Uno-Canna.

Así que, en lugar de atacar a los españoles con los cientos de miles de guerreros que aguardaban la orden, se apresuró a presentar ofrendas a los dioses y obsequios al conquistador español a quien confundió con Quetzalcóalt redivivo.

Así lo cuenta Salvador de Madariaga –apoyado por crónicas de la época– en su hermoso libro *Hernán Cortés:*

"Un día, un *mazehual*, hombre de humilde estado, pidió autorización y le habló así: *Señor y Rey nuestro, per-*

dona mi atrevimiento: yo soy natural de Mictlan Cuauhtla; llegué a las orillas del mar grande, y vide andar en medio de la mar como una sierra o cerro grande, que andaba de una parte a otra y no llegaba a las orillas y esto jamás lo hemos visto, y como guardas que somos de las orillas de la mar estamos al cuidado. Moctezuma se limitó a decirle: *Sea enhorabuena, descansad. Y este indio que vino con esta nueva no tenía orejas, que era desorejado; tampoco tenía dedos en los pies, que los tenía cortados.* Díjole Moctezuma a Petlacalcatl: *Llevad a éste a la cárcel y ponedlo en la cárcel del tablón y mirad por él.* Con todo, el Emperador envió gente segura para ver de qué se trataba. No tardaron en volver sus mensajeros diciendo *que era verdad que andaban como dos torres o cerros pequeños por encima del mar. Llegados a Méjico, fuéronse derecho al palacio de Moctezuma a quien hablaron con la reverencia y la humildad debidas. Dijéronle: Señor y Rey nuestro, es verdad que han venido no sé qué gente, y han llegado a las orillas de la gran mar; las cuales andaban pescando con cañas, y otros con una red que echaban, hasta que tarde ya estuvieron pescando, y luego entraron en una canoa pequeña y llegaron hasta las dos torres muy grandes y subían adentro. Las gentes serían como quince personas, unos con sacos colorados, y otros de azul y otros de pardo y verde, y de una color mugrienta como nuestro ychtilmatl tan feo, otros de encarnado, y en las cabezas traían algunos puestos unos paños colorados (...) otros muy grandes y redondos a manera de comales pequeños, que deben de ser guardasol (...) y las carnes de ellos muy blan-*

cas, más que las nuestras, excepto que todos los más tienen barba larga y el cabello hasta la oreja le da. Moctezuma estaba cabizbajo que no hablaba cosa alguna.”

“Había vuelto Quetzalcóatl. Ahora se llamaba Hernán Cortés”.

“Este relato semilegendario de la Serpiente Emplumada –escribe Ivanoff– está en íntima relación con Chichén-Itzá. Confirma los hechos expuestos por el padre De Landa y por los *Libros de Chilam Balam*. Confrontémoslos una vez más: fuentes mayas, Kukulcán llega a Chichén-Itzá entre el 967 y el 987; fuentes aztecas, Quetzalcóalt se sienta en el trono de Tolán en 977, luego abandona el país, se dirige al Este y muere en el 999”.

Por primera vez en la historia de Centroamérica, admite Ivanoff, los datos de fuentes diversas concuerdan cronológicamente a la perfección. Sin embargo, ¿hasta dónde llega la realidad?, ¿qué parte de ambos relatos puede asumirse como leyenda? ¿Los personajes son dos, o ambas narraciones se refieren al mismo?

“En las crónicas aztecas –contesta el arqueólogo–, Tolán aparecía siempre como un país legendario, reflejo de una cierta edad de oro. Aún en 1863, cuando Désiré Charnay, gran viajante francés, afirma haber localizado la mítica Tolán cerca del pueblo de Tula, al noroeste de la Ciudad de México, los historiadores y la opinión pública le dan escasa importancia a tales declaraciones. Cuando el mismo autor sostiene que Chichén-Itzá es creación de los toltecas, y que es una copia grandiosa de la ciudad de Tolá, o Tula, no consigue que lo tomen en serio. Sin embargo, conviene decir en disculpa suya que Désiré Charnay veía vestigios toltecas en todos los lugares que visitaba. Y, no obstante, la relación que había establecido entre las dos ciudades no estaba ya a nivel de hipótesis, desde el momento en que había verificado sondeos reveladores en ambos sitios. El investigador alemán E. Seler es el único que compartía su opinión en 1895".

Las excavaciones en Chichén-Itzá se inician en 1925, y durarán diecisiete años. Para Tula fue preciso esperar los trabajos de W. Jiménez-Moreno. Fue él quien habría de proporcionar las pruebas contundentes de que Tolán, la capital tolteca, no era Teotihuacán, como se pensaba hasta 1939, sino Tula, en el estado de Hidalgo. Charnay tenía razón.

"A pesar de los mil doscientos kilómetros que las separan –remata Ivanoff–, Tula y Chichén-Itzá fueron construidas bajo la dirección de un mismo jefe, el gran rey tolteco de Tula, Ce-Acatl, Quetzalcóatl, la Serpiente Emplumada, convertido en Kukulcán en el Yucatán".

Para concluir, nos gustaría incluir un ilustrativo pasaje de Cervantes de Salazar que Salvador de Madariaga reproduce en su libro *Hernán Cortés.* Es una crónica escrita poco después de la conquista y que pinta maravillosamente bien a Moctezuma permitiendo adivinar por qué el emperador azteca, que pudo haber destruido con facilidad a los conquistadores españoles, les entregó su reino sin ofrecer batalla.

Era hombre de mediana disposición, acompañada con cierta gravedad y majestad real, que parecía bien quien era aun a los que no le conocían. Era delgado, de pocas carnes, la color baza, como de loro, de la manera que todos lo de la nación; traía el cabello largo, muy negro y reluciente, casi hasta los hombros; tenía la barba muy rara, con pocos pelos negros y casi tan largos como un jeme; los ojos negros, el mirar grave, y en todo el rostro una cierta afabilidad, acompañada con majestad real, que mirándole convidaba a amarle y reverenciarle. Era hombre de buenas fuerzas, suelto y ligero; tiraba bien el arco, nadaba y hacía bien todos los ejercicios de guerra; era bien acondicionado, aunque muy justiciero, y esto hacía por ser amado y temido, ca así de lo que sus pasados le habían dicho, como de la experiencia que él tenía, sabía que eran de tal condición sus vasallos que no podían ser bien gobernados y mantenidos en justicia sino con rigor y gravedad (...).

Era bien hablado y gracioso cuando se ofrecía tiempo para ello; pero, junto con esto, muy cuerdo; era muy dado a mujeres y tomaba cosas con que hacerce mas potente; tratábalas bien; regocijábase con ellas bien en secreto; era dado a fiestas y placeres, aunque por su gravedad lo usaba pocas veces. En la religión y adoración de sus vanos dioses era muy cuidadoso y devoto; en los sacrificios, muy solícito; mandaba que con gran rigor se guardaran las leyes y estatutos tocantes a la religión; ninguna cosa menos perdonaba que la ofensa, por liviana que fuese que se hacía contra el culto divino. En el castigar los hurtos y adulterios, a que especialmente veía ser los suyos inclinados, era tan severo que no bastaba privanza ni suplicación para que dejase de ejecutar la ley. Tenía con los suyos, por grandes señores que fuesen, tanta majestad que no los dejaba sentar delante de él, ni traer zapatos, ni mirarle a la cara, si no era con cuál y cuál, y éste había de ser gran señor y de sangre real.

Andaba siempre muy pulido, y a modo ricamente vestido; era limpio a maravilla, porque cada día se bañaba dos veces; salía pocas veces de la cámara, si no era a comer; no se dejaba visitar de muchos; los más negocios se trataban con los de su consejo, y ellos o alguno dellos venía a cierto tiempo a comunicarlos con él, y esto por dos o tres intérpretes, por quien él respondía, aunque toda era una lengua. Iba por su casa a los sacrificios que se hacían en el templo mayor de Uchilobos, donde apartado de todos los grandes de su reino, mostraba gran devoción; salía, la cabeza baja, pensativo, sin hablar con nadie...”

Capítulo V

El códice maya de Dresden

1. La historia

El códice de Dresden es una de las fuentes más valiosas para el entendimiento de la cultura maya. Este manuscrito no sólo fue una de las claves más importantes para el desciframiento de la escritura jeroglífica sino que, además, las más hermosas y famosas figuras de los dioses mayas también provienen de él. El códice de Dresden debe su nombre al lugar donde actualmente se encuentra – en la Biblioteca Real de Sajonia, en la ciudad de Dresden, Alemania.

Con cierta seguridad podemos hoy reconstruir la historia de este manuscrito.

Muy probablemente, en 1519, el famoso conquistador Hernán Cortés lo envió personalmente a Madrid a la corte del entonces rey Carlos V, en conjunto con otras llamadas "curiosidades", además de los tesoros comunes. Desde Madrid el códice llegó a Viena, donde el rey tenía una de sus residencias. El códice permaneció ahí sin ninguna consideración hasta que en el año 1739 fue descubierto en una colección privada por Johann Christian Goetze, quien en aquel tiempo dirigía la Biblioteca Real de Sajonia en Dresden. Aparentemente, el manuscrito le fue regalado por el desconocido dueño, ya que para él era algo inentendible y por ende algo sin valor alguno. Goetze, sin embargo, donaría el códice a principios del año 1740 a la Biblioteca.

2. La procedencia

En aquel tiempo Hernán Cortés navegó a lo largo de las costas de Yucatán, entre Cozumel y Zempoala. Por lo cual es válido suponer que el códice proviene de Yucatán. Esta conjetura se basa además en diversas variantes de jeroglíficos que corresponden a idiomas que fueron hablados en Yucatán, y no en Chiapas o Guatemala. Además, en base a la extensa información astronómica que contiene muchos expertos suponen que el códice proviene de Chichén Itzá.

Cronológicamente se lo ubica en el período Posclásico maya, alrededor del año 1250. Contiene algunos "errores de escritura", los cuales delatan que ciertos pasajes fueron copiados de antiguos manuscritos. Las fechas que el códice presenta retroceden hasta el período Clásico.

3. La producción de los códices mayas

Hasta el día de hoy se conocen únicamente tres códices mayas: el de Dresden, el de París y el de Madrid. (El llamado códice de Grolier es, como sabemos hoy, una falsificación.) Todos los códices mayas conocidos están elaborados en papel amate. Los mayas y otras culturas mesoamericanas obtenían este papel de la corteza de la higuera silvestre (*ficus cotinifolia*). La corteza se ponía a hervir hasta que quedara blanda, después se la colocaba en tiras sobre una tabla de madera, una junto a la otra, y eran extendidas y machacadas con una piedra lisa.

Este proceso daba como resultado una amalgama similar al papel ya que las fibras se juntaban como en un material de fieltro. Finalmente la pieza se dejaba simplemente secar al sol. Para poder dibujar sobre ella, se le añadía una capa de una cal especial. Así el producto terminado permitía dibujar, inclusive, pequeños detalles. Una vez concluida la producción del papel, se la doblaba en forma de acordeón, y para obtener un códice largo se unía una tira a la otra con un pegamento especial, hecho de orquídeas y otras plantas.

El códice maya más largo es el de Madrid con 115 láminas y un largo de 6.80 metros. El códice de Dresden está formado por 39 láminas, las cuales miden 9 x 22 centímetros cada una, dibujadas por ambos lados, exceptuando 4 láminas que quedaron en blanco, así que son 74 laminas dibujadas en total. Mide 3.56 metros de largo.

4. El contenido

La mayoría de los códices mayas trataban asuntos religiosos, pero también contenían algunas páginas que describían hechos históricos y astronómicos. El de Dresden, específicamente, se puede dividir en varios capítulos. Contiene un almanaque ceremonial para los diferentes dioses, las famosas tablas de eclipses de Sol y Luna, y tablas para calcular los movimientos de los planetas Venus y Marte. Además se describen las ceremonias para el inicio del año, un diluvio y una profecía de un katun (período de 20 años en el calendario maya).

5. La reconstrucción actual

Este códice maya de Dresden, Versión A, es una reconstrucción. Quien conoce las diferentes ediciones del códice sabe que el original, lamentablemente, está muy dañado. Sobre todo en las esquinas, la delgada capa de estuco en muchos casos está maltratada. Por lo cual es absolutamente lógico que no haya sido posible una reconstrucción completa del códice. Así también las figuras de los dioses están dañadas. Para el diseño de esta edición fueron nuevamente dibujadas las láminas de la 4a hasta la 15a del códice original. Los números y jeroglíficos de los días fueron otra vez contabilizados, según la lógica del calendario maya, donde ya se habían borrado.

El arte maya

Los mayas fueron también excelentes artistas, se destacaron en la escultura, crearon figuras bellamente proporcionadas y de armonía estética sobre estelas, dinteles y en los frisos que decoran paredes y templos. Tales esculturas en piedra representan los sacrificios humanos, ceremonias sangrientas y otros ritos de purificación mientras que otras muestran a gobernantes ricos con espléndidos peinados, dioses, figuras geométricas, aves y animales. Es por eso que se puede asegurar que el arte perseguía un doble propósito: estimular la fe religiosa y enaltecer a los gobernantes.

La diferencia estilística que revelan las manifestaciones artísticas en las distintas regiones del área maya apoya la visión de un territorio dividido en estados autónomos. Influencias o invasiones extranjeras explican cambios repentinos en la temática y el estilo. La singularidad del arte maya radica en la importancia que atribuye a la figura humana.

A través de la escultura, en tanto, se puede tener una idea de la estratificación social y del carácter dual de la minoría dirigente: religiosa y civil. Su temática abarca las representaciones de deidades, personificadas o simbólicas; escenas rituales; figuras importantes en su papel de gobernantes e individuos de clase inferior que siempre se encuentran en actitud de sumisión o de víctima.

La pintura mural alcanzó un prestigio considerable entre los mayas. La usaban en la decoración de muros y de cerámica y en la ilustración de códices. Empleaban colores de origen vegetal y mineral y la gama de ellos debe haber sido bastante extensa. Existen frescos interiores en varios centros mayas, como el caso de Uaxactún, Palenque y Chichén Itzá. Esta pintura logra su máxima fuerza y expresión en Bonampak, hacía el año 800, época del apogeo cultural del "Viejo Imperio".

Se consideran, sin embargo, como las mejores manifestaciones pictóricas de entonces las encontradas en los vasos y cajetes policromos de Uaxactún, Holmul y Chamá. Los temas tratados varían desde ceremonias civiles hasta escenas bélicas, sacrificios, procesiones y danzas rituales. También incluían motivos simbólicos, relatos históricos, ceremonias religiosas y personajes divinos en alusiones míticas. En Uaxactún, Palenque, Chacmultun, Mulchcic, Bonampak y Chichén Itzá, la pintura se caracteriza por narrar hechos históricos en un estilo dinámico y frecuentemente muy realista; mientras que las pinturas de Tulum y Santa Rita sólo pretenden referirse a deidades y eventos míticos.

Chichen Itzá. El chacmool, escultura tolteka de piedra. Su nombre significa jaguar rojo.

Durante el "Nuevo Imperio" se destacan en forma muy especial las pinturas de los códices, cuyo exponente más notable es el códice Dresden.

La cerámica también podría considerarse como una expresión artística. Las ollas de barro que se ponían a secar al sol en lugar de cocerse en hornos podían hallarse tanto en la cocina de una familia común como en el ritual del templo. Las piezas ceremoniales muchas veces se pintaban con figuras mitológicas.

También se han hallado piezas de oro en muchos sitios, algunas de ellas verdaderamente valiosas, labradas en jade y de exquisita manufactura. El jade era un material muy preciado y se usaba en ofrendas a los dioses o en los adornos de la nobleza. La gente utilizaba collares con piezas de jade que representaban figuras de animales o cuentas para alejar las enfermedades.

El desarrollo técnico, a través de los siglos, abarcó desde las formas más sencillas y sin decoración hasta las más elaboradas y decoradas mediante pintura, relieve o elementos modelados.

La decoración correspondiente al período Preclásico consistía en aplicar sobre el barro fresco las uñas de los dedos, las puntas de algún objeto, conchas marinas, tejidos, cuerdas, sellos, así como pegar elementos sencillos de barro (pastillaje).

La decoración pintada, bicromía de elementos geométricos simples, surge en el Protoclásico y se vuelve policroma en el Clásico, con temas geométricos o de animales estilizados en la fase temprana, para llegar al apogeo en el clásico tardío, en donde la variedad de formas es notable y las técnicas decorativas elaboradas comprenden todas las posibilidades plásticas y pictóricas.

Las artes manuales han sobrevivido al paso del tiempo, especialmente el tejido, que se concentra en Chiapas y Guatemala. Tradicionalmente una niña maya aprendía a tejer siguiendo las enseñanzas de su madre a la tierna edad de tres años. Hoy en día la tradición ha variado, pero aún vive, y hay comunidades enteras que se dedican a esta actividad. Ejemplo de ello es el pueblo de Cobal en Guatemala, conocido por su técnica de torcido o trenzado en el telar.

De acuerdo con una vieja creencia, la diosa de la luna, Ixchel, enseñó a las mujeres a tejer y les reveló los signos sagrados que debían usar en sus creaciones. Desde entonces y hasta hoy bordan en sus atuendos motivos provenientes de la naturaleza, el universo, la mitología y el tiempo. Por ejemplo, un diamante significa el universo, un sapo puede ser un músico del cosmos, y una serpiente representa la tierra. Los diseños de mariposas, patos y piñas son característicos de ciertas regiones. También se llevan a cabo otras labores como la manufactura de hamacas de todos los colores y tamaños, incluyendo la versión "matrimonial", y se tejen sombreros de Panamá hechos de la palma jipi que crece en el norte de Campeche. Se producen cestas, esculturas, gran variedad de túnicas tejidas, camisas, mantones, vestidos y bolsas, cubrecamas, tapices y manteles, baúles profusamente decorados, juguetes, figuras de animales y santos cristianos, calabazas decoradas, cerámica, joyas de jade y filigrana.

Los lapidarios lograron magníficas tallas en piedras duras, principalmente jade. Realizaron diademas, orejeras, narigueras, collares, pectorales, pulseras, anillos, etc. Las joyas podían estar grabadas en alto o bajo relieve y en bulto redondo. En algunos casos con técnica de mosaico formaron máscaras o placas circulares para cinturones. No faltaron tampoco las estatuillas y cabecitas.

Se han encontrado principalmente piezas de oro, cobre y tumbaga (aleación de oro y cobre), que comprenden discos, mangos de abanicos, sandalias, orejeras, anillos, mascaritas, copas, cascabeles, discos repujados con representaciones de batallas entre mayas y toltecas. La mayoría de los objetos de metal conocidos fueron recatados del cenote sagrado de Chichén Itzá.

En lo relativo a la música, los mayas desarrollaron instrumentos musicales como flautas, silbatos, tambores de madera o tunkules, sonajas y cascabeles, y utilizaron caracoles sonoros y caparazones de tortuga. Con su música cantaban y bailaban durante las festividades. Se supone que cada dios tenía su fecha, rito, música y cantos especiales.

Capítulo VI

La religión

La religión jugaba un papel muy importante en la vida diaria y todas las actividades, ya fuera de mucha o poca importancia, estaban regidas por deidades.

El sacerdote, que llegó a ser una figura muy poderosa durante el período Clásico, guiaba la vida espiritual de la comunidad. Se representaban ritos específicos para llamar la atención de las deidades. Por ejemplo, las mujeres embarazadas visitaban el templo de Ixchel, la diosa de los alumbramientos, para ser bendecidas antes de que naciera la criatura. Como ya dijimos, las futuras madres a menudo realizaban peregrinajes a la isla de Cozumel o isla Mujeres en México, que se encontraba bajo la protección de esta diosa. Otros dioses regían sobre los vientos, el sol, el cielo, el maíz, la guerra y la muerte.

Posiblemente la deidad más importante era el dios de la lluvia, Chac, adorado con vehemencia en toda la región. En muchos sitios arqueológicos yucatecos las esculturas de Chac, representado con una nariz larga y curva, adornan las fachadas de los templos. La Serpiente Emplumada se convirtió en una deidad mayor en la península de Yucatán después de la llegada de los toltecas en el siglo X de nuestra era. Estos extranjeros guerreros provenientes del centro de México adoraban a este dios con el nombre de Quetzalcoatl.

Las ceremonias rituales en honor de las deidades a veces se hacían a través de sacrificios humanos. Figuras humanas en una extraña pose reclinada sosteniendo un recipiente en su regazo pueden encontrarse en Chichén Itzá y otros sitios yucatecos.

Supuestamente los personajes esculpidos en piedra, conocidos como Chaac Mool, recibían el corazón latiendo de la víctima sacrificada. Los cenotes, profundos pozos naturales donde fluía el agua, característicos de la península de Yucatán, eran también centros de sacrificio. Los más famosos cenotes usados para este fin se encuentran en Chichén Itzá. Junto con los hombres o mujeres sacrificados, se depositaban en el pozo ofrendas de jade, oro, cerámica y otros objetos para honrar a los dioses. Las creencias religiosas estaban íntimamente ligadas a los ritos funerarios, los cuales, en el caso de los gobernantes, eran muy elaborados.

En 1952, el arqueólogo mexicano Alberto Ruiz Lhuilleur descubrió la tumba del señor de Pakal dentro del Templo de las Inscripciones en Palenque. Su hallazgo reveló que los mayas usaban prácticas funerarias como las de los antiguos egipcios: enterraban a sus gobernantes dentro de pirámides construyendo falsas cámaras y sepultando objetos funerarios y sirvientes para que acompañaran al difunto en la vida ultraterrena.

La cripta de piedra de Pakal estaba cubierta con jeroglíficos y rodeada de oro, cerámica y otras riquezas. La tapa cincelada del sarcófago pesa cinco toneladas y puede verse aún sobre la tumba, en lo profundo del corazón del Templo de las Inscripciones. Una fina máscara de jade cubre el rostro del caudillo y siete acompañantes fueron hallados junto a él.

De acuerdo con los antropólogos, la máscara representaba los rasgos del personaje, los cuales se deterioraron con el tiempo. Se creía que con la máscara serían reconocidos por los señores del Inframundo después de su muerte. El tamaño del tesoro enterrado y el número de acompañantes que se sepultaban junto al gobernante demostraban su importancia en vida de forma tal que los señores lo tratarían en correspondencia en su vida futura.

El árbol de la ceiba se consideraba sagrado por los mayas. Creían que era una especie de estación de paso entre los trece cielos y los inframundos, encima y abajo de la tierra.

La religión dominaba todos los aspectos de la vida maya, siempre presente en los ritos agrícolas, en las ceremonias públicas, en el arte y en la cultura.

La religión maya tenía tres características fundamentales. Primero, era politeísta, es decir, se adoraba a varios dioses a la vez. En segundo lugar, tenía características naturistas, ya que los dioses eran los elementos naturales (agua, fuego, aire y tierra), los fenómenos atmosféricos, los cuerpos celestes, etc.

Era dualista, pues partía del principio de que el bien y el mal son igualmente divinos. Los dioses del bien estaban en constante lucha con los dioses del mal, pero eran tan inseparables unos de otros como el día y la noche.

Los dioses benévolos producían cosas positivas, como el trueno, el rayo, la lluvia, el maíz y la abundancia. A los dioses malévolos, en cambio, se les atribuían el hambre y la miseria causadas por los huracanes, las sequías y la guerra sembradora de muerte y destrucción.

El dios principal maya era Hunab o Hunab Ku, creador del mundo y de la humanidad a partir del maíz. Jamás fue representado bajo ningún aspecto y, sin embargo, estaba presente en todo, como dador de la medida y el movimiento.

Itzamná o Zamná era el señor de los cielos, de la noche y del día. Posiblemente también se manifestaba como Ahau o Kin Ich Kakmo, el dios del sol. Se lo representaba en los códices como un anciano de mandíbulas sin dientes, carrillos hundidos, nariz aguileña y algunas veces barbado. Se le atribuía la invención de la escritura y del calendario.

Kukulcán, como dijimos, representaba al dios del viento, la Serpiente Emplumada, traído del Altiplano central por putunes, itáes y toltecas.

El dios del viento aparece raras veces en los códices; existen menos de una docena de representaciones del mismo y ni una sola en el códice *Tro-Cortesiano*, un manuscrito de los últimos tiempos de la época Posclásica. En vista de la posición predominante que tuvo Kukulcán durante dicho período, parece extraño que si era el dios del viento no se hayan encontrado más representaciones suyas.

Chaac, dios de la lluvia, era representado con una nariz parecida a una trompa y dos colmillos enrollados que le salen de la boca y se dirigen hacia abajo. El adorno que lleva en la cabeza es por lo general una faja anudada. Era el dios de mayor ascendiente popular, por extensión dios de la fertilidad y de la agricultura.

Yum Kax, el dios del maíz y señor de los bosques, se representaba siempre como un joven, algunas veces con una mazorca de maíz en la cabeza o sosteniendo una vasija con tres mazorcas.

Kaubah. El arco que, aislado, se abre en un ancho de 4,52 metros.

Ixchel, diosa del parto, del tejido y posiblemente de la luna. Era un personaje importante del panteón maya, aunque aparentemente poco amiga del hombre. Se la solía ver como una vieja airada, abocada a la destrucción del mundo por el diluvio. Aparece también como la personificación del agua como elemento de destrucción, de las inundaciones y torrentes de lluvia. Se la representa generalmente rodeada por símbolos de muerte y destrucción, con una serpiente retorciéndose sobre su cabeza y huesos cruzados bordados en su falda.

Pero Ixchel parece haber tenido también un lado bueno. Era la consorte de Itzamná, el Señor del Cielo, y mientras su marido se muestra algunas veces como el dios Sol, ella parece haber sido la diosa Luna.

Xaman Ek es el dios de la estrella polar. La quinta deidad más común en los códices ya que aparece 61 veces en los tres manuscritos. Se lo representa siempre con la cara de nariz roma y pintas negras peculiares en la cabeza. No tiene más que un jeroglífico de su nombre, su propia cabeza, que se ha comparado a la del mono. Esta cabeza, con un prefijo diferente al de su nombre, es también el jeroglífico del punto cardinal norte, lo cual tiende a confirmar su identificación como dios de la estrella polar. La naturaleza de su aparición en los manuscritos indica que ha de haber sido la personificación de algún cuerpo celeste importante.

En algún lugar se habla de Xamán Ek como del "guía de los mercaderes", y bien puede haberlo sido, puesto que la estrella polar es la única estrella fija que se observa en las latitudes de Petén y Yucatán que no cambia radicalmente de posición durante el año. Se dice también que los mercaderes le ofrecían *copal* en los altares que se ven a la orilla de los caminos. Era una deidad benévola; se la encuentra asociada con el dios de la lluvia y era probablemente el patrono del día, *chuen*.

Ah Puch, deidad malévola, presidía el Inframundo junto con su consorte. Los mayas concebían al cosmos compuesto por 13 cielos, uno sobre otro, de los cuales la tierra era la capa más baja. Sobre cada cielo presidían 13 dioses, llamados *oxlahuntikú*. Bajo la tierra había otros nueve cielos, también en capas, sobre los que reinaban los *bolontikú*. El último de estos cielos era el Mitnal, el infierno maya; éste era el reino de Ah Puch, señor de la Muerte.

Tiene por cabeza una calavera, muestra las costillas desnudas y proyecciones de la columna vertebral; su cuerpo está cubierto de carne hinchada y tapizada de círculos negros que sugieren la descomposición. Posee accesorios imprescindibles para el vestuario de un dios de la muerte como son sus ornamentos en forma de cascabeles. Éstos aparecen algunas veces atados a sus cabellos o a fajas que le ciñen los antebrazos y piernas, pero más a menudo están prendidos de un collar en forma de golilla. Dichos cascabeles son de todos los tamaños y están hechos de cobre y a veces de oro. Esos adornos se encontraron en considerables cantidades durante el dragado del pozo de los sacrificios de Chichén Itzá.

Ah Puch, la antítesis de Itzamná, tiene como él dos jeroglíficos de su nombre, y es, después de éste, la única deidad que se distingue de esta manera. El primero representa la cabeza de un cadáver con los ojos cerrados por la muerte, el segundo la cabeza del dios mismo, con la nariz truncada, mandíbulas descarnadas, y como prefijo un cuchillo de pedernal para los sacrificios. Un signo que se encuentra asociado frecuentemente al dios de la muerte es algo parecido a nuestro signo de "por ciento" (%). El dios de la muerte era la deidad patrona del *cimí*, que significa "muerte" en maya.

En el caso de *Ah Puch*, estamos frente a un Dios de "primera categoría", como lo prueba la frecuencia de sus representaciones en los códices. Como jefe de los demonios, Hunhau reinaba sobre el más bajo de los nueve mundos subterráneos de los mayas, y todavía hoy creen los mayas modernos que bajo la figura de Yum Cimil, el señor de la Muerte, merodea en torno a las habitaciones de los enfermos en acecho de su presa.

Ah Puch es una deidad malévola. Su figura está asociada frecuentemente con el dios de la guerra y de los sacrificios humanos, y sus constantes compañeros son el perro, el ave Moán y la lechuza, considerados como criaturas de mal agüero y de muerte.

Ek Chuah, dios de la guerra, es la sexta deidad más comúnmente representada en los códices y se presenta en ellos cuarenta veces. Tiene un labio inferior grueso y colgante y aparece generalmente pintado de negro, el color de la guerra. El jeroglífico de su nombre es un ojo con un aro negro. Este dios parece haber tenido un carácter doble y un tanto contradictorio; como dios de la guerra era malévolo, pero como dios de los mercaderes ambulantes era propicio.

En el carácter primeramente indicado aparece con una lanza en la mano, a veces combatiendo y aun vencido por otro dios de la guerra. Se lo puede ver con Ixchel, armado de jabalinas y de lanza, tomando parte en la destrucción del mundo por el agua. Como un dios favorable se lo representa con un fardo de mercancías sobre la espalda, semejante a un mercader ambulante, y en algún lugar se lo muestra con la cabeza de Xamán Ek, dios de la estrella polar, "guía de las mercaderes". Ek Chuah era también el patrono del cacao, y los que poseían plantaciones de este fruto celebraban una ceremonia en su honor en el mes de *muán*. En uno de sus aspectos parece haber sido hostil al hombre, y en el otro su amigo, una deidad de dos caras, parecida al dios Jano de la antigua Roma.

Hunhau es dios de la muerte violenta y de los sacrificios humanos. Aparece 33 veces en los códices y se presenta siempre en relación con la muerte. Su característica constante es una línea negra que le rodea parcialmente el ojo y se prolonga hacia abajo sobre la mejilla. Su propia cabeza, con el número 11 enfrente, es el jeroglífico de su nombre. Puede ser el patrono del día maya, *manik,* cuyo signo es la mano en actitud de tomar algún objeto. Se lo muestra algunas veces en compañía de Ah Puch, el dios de la muerte, en escenas de sacrificios humanos.

Es también un dios de la guerra por derecho propio, y se lo ve incendiando casas con una antorcha en una mano, mientras que con la otra, armada de una lanza, las echa por el suelo. El concepto de un dios de la guerra y de un dios de la muerte mediante la violencia y los sacrificios humanos parecen combinarse en esta deidad.

La asociación del dios del viento con Chaac, el dios de la lluvia, es muy estrecha. En el códice Peresiano vemos a Chaac haciendo una ofrenda a la cabeza del dios del viento en conexión con una ceremonia de final de *katún.* Y es que la identificación del dios del viento con Kukulcán se funda en la asociación parecida que hay en la mitología azteca de Quetzalcóatl con Ehécatl, también dios del viento, que barre el camino del dios de la lluvia. Como los dioses mayas del viento y de la lluvia están asimismo íntimamente asociados, y puesto que tanto el dios maya del viento como Quetzalcóatl-Ehécatl, el dios azteca del viento, tienen grandes trompas foliadas, puede haber alguna relación entre el dios maya y Kukulcán. Esta conexión se ha sugerido tan sólo y el propio Chaac, principal dios maya de la lluvia, ha sido identificado como Kukulcán por varias autoridades.

Algunos creen que la conexión entre el dios del viento y el dios de la lluvia es tan estrecha que indica que el primero no es más que una manifestación especial del segundo y que no debiera considerarse como una deidad separada. El jeroglífico de su nombre se encuentra frecuentemente en relación con el de Chaac. Era patrono del día, *muluc,* y se lo tenía por una deidad benévola.

Ixtab era la diosa del suicidio. Los antiguos mayas creían que los suicidas se iban directamente al Paraíso. Tenían una diosa especial que era la patrona de los que se habían privado de la vida ahorcándose. Puede vérsela en el códice de Dresden donde aparece pendiendo del cielo por medio de una cuerda que está enrollada a su cuello. Tiene los ojos cerrados por la muerte, y en sus mejillas un círculo negro que representa la descomposición de la carne.

Sylvanus Morley, en su obra *La civilización maya*, observa que "las oraciones formaban un elemento esencial del ritual maya, y la ayuda de los dioses se buscaba en todo género de actividades, en la adivinación, profecía y horóscopos, en los ritos de la pubertad y del matrimonio, en toda clase de ceremonias generales, para liberarse de dificultades y para reprimir al diablo que las causaba, para conseguir la maternidad de una mujer sin hijos, para expulsar a los espíritus malignos antes de comenzar cualquier ceremonia; para evitar la sequía y las plagas de langosta que producían el hambre, la enfermedad, el robo y la discordia; cambios dinásticos y jerárquicos que conducían a la guerra, y para tener éxito en toda clase de empresas: agricultura, caza, pesca, comercio".

La danza era también una parte importante del ritual. Tanto hombres como mujeres tenían sus bailes particulares y rara vez bailaban juntos. El baile de Holcan Okot, por ejemplo, era realizado por 800 guerreros que se movían con precisión absoluta mientras invocaban la ayuda y protección de Kaak u Pacat.

Las fiestas dedicadas a los dioses se celebraban en las fechas fijas establecidas por el Tzolkín o calendario ritual. Los sacerdotes organizaban las ceremonias, la ornamentación de los templos y la presentación de las ofrendas. Había también juegos de pelota, dramatizaciones, procesiones y otros festejos.

Copán. Una estela (la número cinco) situada a la entrada del parque arqueológico.

Capítulo VII

El calendario

Los mayas se valían de dos calendarios. El primero, usado para tratar asuntos relacionados con la vida diaria y la agricultura, se dividía en 18 meses de 20 días cada mes, que multiplicados resultan 360 días, a los que se agregaban cinco más para completar los 365 días del año.

Este año secular se llamaba *haab*, y a los cinco días que se agregaban se los conocía como *uayeb*. Cada mes tenía su nombre y festividades específicas en honor de determinados dioses.

El otro calendario era una especie de almanaque adivinatorio u horóscopo que empleaban los sacerdotes para predecir el futuro y determinar qué días serían afortunados y cuáles aciagos. Ese calendario estaba formado por 20 días que, combinándose con numerales del 1 al 13 y luego multiplicados dan 360 días. Entre los mayas se llamaba *tzolkin*.

Habrá que decir que el calendario maya es uno de los más exactos del mundo y para su realización utilizaron el sistema vigesimal: las posiciones según las cuales los valores van cambiando de 20 en 20.

Para representar los números utilizaban jeroglíficos y el sistema de puntos y barras: en el primero cada número estaba representado por un jeroglífico; en el segundo, el punto vale uno, la barra vale cinco y el cero es un caracol cortado o media flor.

La utilización del cero representa un gran descubrimiento, pues presupone un profundo conocimiento de las matemáticas. Éste fue utilizado por los mayas 900 años antes de que los árabes lo llevaran a Europa.

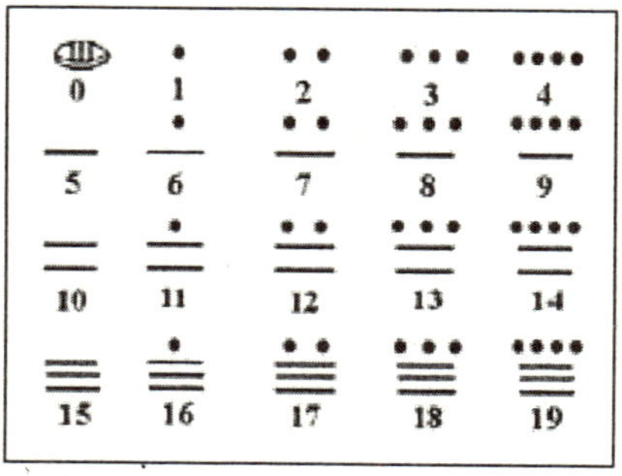

La necesidad de medir los ciclos para fines prácticos, sobre todo para las cuestiones relacionadas con la agricultura, conlleva un refinamiento sorprendente de lo que se conoce como “tiempo”. Tener un calendario es una necesidad mundial y en este aspecto el maya ha sobresalido. A manera de ejemplo, recordemos que nuestro calendario acumula un error de un día por cada 4.000 años; en cambio el de los mayas suma un día por cada 5.000 años.

Para medir el tiempo, utilizaron cuatro diferentes formas de contar:

Primero: Llevaban la cuenta sucesiva de los días transcurridos desde la fecha de inicio de su calendario (12 de agosto de 3113, a.C.). Se la conocía como la cuenta larga y comienza en: cero Baktun, cero Katun, cero Tun, cero Uinal, cero Kin. Para llevar esta cuenta manejaban los siguientes valores:

Baktun = 144.000 días
Katun = 7.200 días
Tun = 360 días
Uinal = 20 días
Kin = 1 día

En el *Popol- Vuh,* libro maya-quiché, se relata la creación del cosmos a partir de la victoria de los gemelos Hunahpu e Ixbalanke sobre los regentes del cielo y del Inframundo, pues una vez realizada la hazaña surge Hun-nal-ye (que es el primigenio dios del maíz) de las profundidades del submundo; a partir de esto, pueden dedicarse los creadores a la tarea de la última creación: la de los seres humanos y del sol que le imprimirá movimiento y calor al mundo. Ésta es una forma metafórica de expresar la domesticación del maíz, lo cual trae como consecuencia el principio de la vida sedentaria y el desarrollo de la cultura. Esta forma de expresión nos demuestra que la cosmogonía maya es esencialmente un mito agrícola basado en la germinación del maíz y su conversión en alimento para el ser humano, haciéndolo fuente de la vida civilizada en la que la creación del hombre es un alumbramiento agrícola a partir de la masa del maíz blanco y amarillo.

Segundo: Usaban la combinación de trece números cabalísticos con 20 figuras de los días, lo cual nos da un valor de 13x20=260 días.

Éste es el calendario sagrado, conocido como Tzolkin, y era utilizado por los sacerdotes para hacer predicciones, horóscopos y fiestas religiosas. Algunos investigadores sugieren que dicho calendario tiene su origen en el centro Preclásico de Izapa en el estado de Chiapas, sitio en el que el sol pasa por el cenit el 12 de agosto; siguiendo con el curso del calendario, se repite este fenómeno el 29 de abril. Si contamos los días transcurridos entre estas dos fechas, nos da 260 días que es la duración del Tzolkin.

Este sistema de contar era el normal para la población común; los nombres de los 20 días son: Imix, Ik, Akbal, Kan, Chicchan, Cimi, Manik, Lamat, Muluc, Oc, Chuen, Eb, Ben, Ix, Men, Cib, Caban, Edznab, Cauac y Ahau.

El día de inicio correspondiente al 12 de agosto de 3113 a.C. es el 4 Ahau.

Tercero: Manejaban un calendario civil conocido como Haab, al cual sólo tenía acceso la casta dirigente; que era utilizado para la astronomía y los ciclos agrícolas y estaba conformado por 18 meses (Uinales) de 20 días cada uno y un mes de ajuste de 5 días. Los nombres de estos meses son: Pop, Uo, Zip, Zotz, Tzec, Xul, Yaxkin, Mol, Chichen, Yax, Zac, Chen, Mac, Kankin, Muan, Pax, Kayab, Cumku, y Uayeb. El día de inicio correspondiente al 12 de agosto de 3113 a.C. es el 8 Cumku.

Para determinar ese día clave, el sabio maya usó la combinación de estos dos calendarios, así que la fecha 12 de agosto de 3113 a.C. corresponde a 4 Ahau, 8 Cumku y sólo puede repetirse después de haber transcurrido 18.980 días, es decir 73 vueltas de 260 días o 52 vueltas de 365 días.

Al término de este ciclo se celebraba la ceremonia del fuego nuevo y se hacía la renovación de diversos utensilios.

Cuarto: Llevaban el registro de cómputo lunar. En resumen: la forma de identificar la fecha de inicio 12 de agosto de 3113 a.C. es cero Baktun, cero Katun, cero Uinal, cero Kin, 4 Ahau 8 Cumku, la cual se expresa así: 0.0.0.0.0. 4 Ahau 8 Cumku.

Las fechas importantes eran registradas en estelas de piedra, papel hecho a mano o en piel de venado. En la parte superior ponían el signo de forma introductoria conocido como el Alautun; dentro de éste se encuentra la figura del patrono protector del mes correspondiente al calendario civil.

Llevaban una cuenta lineal dentro de un período de 13 Baktunes o “era”, equivalente a 5.125.366 años trópicos. El período de 13 Baktunes, en el que nos hallamos actualmente, comenzó el 12 de agosto de 3113 a.C. y terminará el 23 de diciembre de 2012.

Completamos la información apoyándonos en un dato cronológico contenido en la crónica Oxkutzcab, documento yucateco del siglo XVII. Según éste, el día 3 de noviembre de 1539 (correspondiente al 13 de noviembre según la corrección gregoriana) se cumplieron 11 Baktunes y 16 Katunes desde el inicio de la era maya (1.699.200 días) y la fecha correspondiente al calendario sagrado y al calendario civil es 13 Ahau 8 Xul.

La idea de “era” significa que al cierre del 23 de diciembre del 2012, la fecha maya correspondiente es 13 Baktun, cero Katun, cero Uinal, cero Kin, y se ha completado una “era”, o sea, que el 13 Baktun es el equivalente a cero Baktun para la “nueva era”. Esto significa que se abre una nueva era en blanco: cero Baktun, cero Katun, cero Tun, cero Uinal, cero Kin, 3 Cauac, 2 Kankin.

De acuerdo con los reportes de investigadores, los mayas erigían estelas de piedra cada 5, 10 y 20 años para la celebración de algún evento importante. Actualmente, con el auxilio de las computadoras, se sigue investigando el significado de los jeroglíficos mayas habiéndose logrado muy buenos avances.

La economía

Los mayas eran comerciantes por excelencia, y con esta actividad en especial sostenían su economía. Hacían trueque con pescado, miel, conchas, obsdiana, jade, cerámica, sal, cacao, plumas, pedernal y algodón. Sus rutas mercantiles seguían el curso de ríos importantes en el área y las costas del Golfo de México, el Caribe y el Pacífico. Su imperio comercial se extendía desde América Central hasta el centro de México y posiblemente más allá de esas fronteras

En el período agrícola, el comercio era una actividad mediadora entre grupos vecinos dentro de una misma región, los que intercambiaban por medio del trueque los productos agrícolas y las materias primas que obtenían directamente de sus comunidades.

Conforme se desarrollaron los centros urbanos del período teocrático, se produjo un excedente de alimentos suficiente no sólo para intercambiar por productos suntuarios, sino también para sostener a dos nuevos grupos sociales: los artesanos especializados y la clase dirigente.

Los comerciantes empezaron entonces a adquirir mayor importancia dentro de la sociedad, por la riqueza que acumulaban y por su papel dentro de la economía. El comercio ganó importancia sobre la agricultura; nuevas rutas comerciales fueron exploradas y se adoptaron las primeras unidades de cambio o monedas.

El comercio entre los mayas llegó a su verdadero apogeo a través del establecimiento de puertos de intercambio y enormes mercados, de transacciones a gran escala, compra de esclavos, préstamos y también por la consolidación de las grandes rutas marítimas alrededor de la península de Yucatán.

Fue en esta época cuando los mercaderes se convirtieron en miembros de la nobleza al contribuir a la acumulación de grandes riquezas destinadas al pago de tributos, al sostenimiento del Estado y al cumplimiento del ritual religioso y mortuorio. Los comerciantes se asociaron a la guerra para penetrar, junto con los ejércitos, en nuevos territorios susceptibles de ser integrados a las redes comerciales.

Además, se sirvieron del ejército para resolver estas y otras situaciones parecidas, y fueron utilizados a su vez por los jefes militares como embajadores y espías en regiones lejanas y desconocidas. Gracias a los informes de los comerciantes, se enteraban de las mejores rutas, de los recursos económicos y de las defensas de otros pueblos.

Cabe aclarar aquí que el comercio entre los pueblos prehispánicos estaba basado, en gran parte, en el intercambio de mercancías de lujo y artículos suntuarios, más que en productos agrícolas de primera necesidad. Abundaban el jade, las conchas, las plumas, el oro y el cacao más que el maíz y otros alimentos básicos. También es importante destacar que este intercambio de tipo material propició un ida y vuelta en el terreno intelectual que contribuyó al conocimiento de nuevas ideas y a la aceptación de otras culturas.

Los comerciantes de la península de Yucatán llevaban mantas, plumas y otras mercancías a Honduras y volvían con cacao, mientras que a México-Tenochtitlán exportaban algodón, cera, miel y sal (extraída del litoral norte de Yucatán y de la isla Mujeres). Según la relación de Motul, un informe presentado por el encomendero de ese lugar al monarca español Felipe II, se dice que este comercio era tan activo que los mercaderes de Yucatán tenían representantes en Honduras para que cuidaran de sus intereses. Hubo relaciones similares con lugares tan remotos como Colombia y Panamá.

La mayor parte de las mercancías se transportaba por mar, en canoas largas como galeras (de más de dos metros de ancho y con una cabina en el centro). Llegaban a caber en ellas hasta 25 personas: hombres, mujeres y niños, además de las mercancías.

Una canoa así fue encontrada por Cristóbal Colón en su cuarto viaje al Nuevo Mundo, cerca de las islas Bay, frente a la costa de Honduras. El comercio marítimo contaba con servicios de fogatas que hacían las veces de faros.

En las rutas terrestres, los mercaderes se guiaban por señales ubicadas en los árboles y por mapas hechos en tela de algodón, así como por los *sacbeoob* (sac: blanco, be: camino), o calzadas construidas con piedra caliza que comunicaban a las principales poblaciones entre sí. En su parte superior, estos caminos estaban cubiertos de grava y un material blanco llamado *sahcab* que se endurecía con la humedad y la presión. Su ancho aproximado era de cuatro metros y medio y su longitud variaba de un kilómetro hasta cien.

En las ciudades y poblados principales había mercados, donde se llevaba a cabo el trueque de elementos. Probablemente no diferían mucho de los grandes mercados prehispánicos del México central, como el de Tlatelolco, o bien de los que aún en la actualidad se encuentran en los Altos de Guatemala. Se sabe que en ellos se vendía toda suerte de productos y que había inspectores, así como una especie de juzgado donde se arreglaban las disputas.

Cuando las relaciones comerciales se hicieron más complejas, ciertos productos adquirieron importancia por su demanda, convirtiéndose en medios de intercambio. Entre los mayas, la moneda principal era la semilla del cacao, aunque a veces utilizaban las hachuelas de cobre, las conchas rojas, las hachas de piedra, las plumas y las cuentas de piedra.

Por ser el cacao la moneda principal, el comercio con Honduras adquirió gran importancia, así como el control de los plantíos de este producto que había en Chetumal y a lo largo del río Hondo, ya que, aunque la propiedad de la tierra fuera comunal, los árboles frutales, las salinas y las plantaciones de cacao eran de propiedad privada.

Al ser el cacao un producto tan decisivo dentro del comercio prehispánico, no es de extrañar que los mercaderes mayas adoptaron a Ek Chuah, deidad del cacao como su dios tutelar, y a Xaman Ek, la estrella del norte, como guía a la que se encomendaban para volver a salvo hasta sus casas después de los largos recorridos que emprendían por tierras lejanas. Ek Chuah es el dios negro de los labios rojos y su jeroglífico es un bordeado de negro. Frecuentemente se lo presentaba en actitud belicosa y armado con una lanza, por lo cual, además de ser el espíritu del cacao y el protector de los mercaderes y viajeros, constituía una deidad guerrera: intervenía en la conquista y sumisión de los pueblos que se negaban a formar parte de las rutas y los intercambios comerciales.

Pero la mayoría de los mayas eran campesinos que sostenían a la minoritaria clase dominante con sus cosechas de maíz, frijol y otros vegetales. Hay evidencia de que usaban el sistema de desmonte y quema para preparar los campos de labranza, exactamente como lo hacen sus descendientes hoy. También se valían de la irrigación en zonas áridas, levantaban diques y preparaban terrazas en los terrenos altos.

La técnica de roza era un proceso que se basaba en la quema de las selvas originales, dejando la tierra en descanso durante varios años, hasta que la vegetación de tipo secundario cubría el área. Esta técnica aún se usa en Yucatán.

Practicaban la recolección, la caza, la pesca y la domesticación de algunos animales como el guajolote, la abeja y un perro mudo que cebaban para comer y al que llamaban *tsom*.

En cuanto a la industria, ésta comprendía principalmente la alfarería, cestería, lapidaria, fabricación de objetos de piedra tallada y pulida, tejido de henequén y de telas de algodón, la fabricación de papel para códices y de hule para las pelotas de los juegos rituales; por último, la extracción de la sal en las salinas costeras.

Los mayas y la Atlántida

En un extenso artículo publicado por *El umbral inexplorado*, el investigador español Antonio Pérez Martínez aborda –con más datos que otros– la hipótesis según la cual tanto mayas como egipcios serían, en realidad, descendientes del desaparecido pueblo atlante.

Pérez Martínez sostiene que los egipcios a un lado del océano, y los mayas e incas al otro, fueron los últimos sobrevivientes de la "ciudad perdida". Apoya su teoría, para empezar, en la cantidad de vestigios antropológicos, artísticos, rituales e incluso iniciáticos, hallados a uno y otro lado del Atlántico, que confirmarían que ambos pueblos tenía una procedencia común.

"Entre las pruebas que establecieron el origen común de los *indios* de América y los egipcios –escribe el autor– está en primer lugar la sorprendente semejanza de sus escrituras...

"El investigador francés, Auguste Le Plageou, ya en el siglo XIX cita 13 signos mayas que son idénticos a los empleados en Egipto; además, según los datos actuales de la egiptología, estos 13 signos mayas una vez descifrados tienen exactamente el mismo sentido (significan lo mismo) que los signos egipcios".

Pérez Martínez recuerda que tanto Le Plageou como su compatriota Brasseur estaban convencidos de que, tras el cataclismo que los asoló, algunos habitantes de la Atlántida habían logrado llegar a Centroamérica y al África, dependiendo del continente que tuviesen más cercano.

Uxmal. La similitud de la concepción de los templos mayas y egipcios hizo que se relacionara la cultura americana con la atlante.

De allí, deduce el investigador español, las sorprendentes semejanzas entre las concepciones religiosas, astronómicas y arquitectónicas que existen entre egipcios, sumerios, olmecas, toltecas, incas y mayas.

"Conocido es –dice el autor–, que los descendientes de los mayas conservan una tradición acerca de una isla llamada Aztlan, según ellos la patria madre de todas las tribus indígenas centroamericanas.

"En los últimos años –escribe más adelante Pérez Martínez– arqueólogos de todo el mundo han confirmado más cosas: En las riberas del Nilo y en las atormentadas llanuras del Yucatán, cuna del antiguo imperio maya, se exhuman los mismos signos misteriosos, arabescos, diseños complicados, cuadros rectangulares. Se vuelven a encontrar los mismos motivos en las pinturas murales, los mismos adornos; el mismo animal sagrado, el escarabajo, se encuentra con idéntica naturalidad y frecuencia tanto en el frontón de un templo maya, como en un templo egipcio".

A continuación, el investigador español recurre a ciertos párrafos escritos por Ignatius Donnelly (autor de *El mundo antediluviano)* que, a su juicio, también sugieren fuertes pistas en torno a su hipótesis. Donnelly había dicho:

"La Atlántida fue un continente situado entre Europa y América, llegando a construir un puente terrestre entre ambos".

Y además, dice Donnelly:

"Los habitantes de la Atlántida fueron los padres de todas nuestras concepciones básicas de la vida, la muerte y el mundo; su sangre corre por nuestras venas; cualquier iluminación del pensamiento conduce en último término de regreso a la Atlántida".

En este sentido, Pérez Martínez afirma que "a miles de kilómetros de las orillas del río Nilo, las leyendas mayas relatan en términos casi idénticos y valiéndose de las mismas imágenes 'el gran naufragio' y 'la caída de las estrellas', con la consiguiente desaparición entre las aguas de una gran Nación, otrora poderosa y soberana".

Y apunta también el investigador español para reforzar su hipótesis: "Existe una tribu de hindúes (los Parias) que viven todavía hoy en una aldea curiosamente llamada Atlan, que mantiene una tradición oral probablemente milenaria, en la que se cuenta que una *gran isla* se hundió en el océano, tras un atroz y gigantesco cataclismo, producido por *la caída de las estrellas*."

...Curiosa sincronicidad, ¿verdad?

Y para el final, Antonio Pérez Martínez suma un nuevo elemento. Se trata de un papiro egipcio de la dinastía XII que se halla en el Museo del Ermitage, en Leningrado, y en el que puede leerse, tras haber sido descifrado:

Murieron antaño; una estrella cayó de los cielos y las llamas lo consumieron todo. Todos abrasados y solo yo salvé la vida, pero cuando vi la montaña de cuerpos apilados, creí morir también de tristeza.

Tanto para Pérez Martínez como para otros autores que sostienen una hipótesis similar, la Atlántida unía geográficamente a la América con el viejo mundo. Las antiguas civilizaciones indoamericanas tendrían, entonces, su origen en aquella civilización.

Además, las religiones egipcia, inca, maya, etc., fueron las primitivas religiones atlantes, y el alfabeto fenicio, padre de todos los alfabetos europeos, tendría su raíz en un antiguo alfabeto, que fue correctamente transmitido a los mayas por los atlantes. Todos los símbolos egipcios y mayas provienen de la misma fuente y así se explica la semejanza, demasiado grande para ser casualidad. Los atlantes tenían un metal más precioso que el oro, se llamaba "orichalcum".

La catástrofe que acabó con la Atlántida fue pavorosa. La época de sumersión de la Atlántida constituyó una larga era de cambios geológicos. Emergieron del seno profundo de los mares otras tierras firmes que formaron nuevas islas y nuevos continentes.

Algunos sobrevivientes de la catástrofe atlante se refugiaron en el pequeño continente llamado Grabonzi, hoy África, el cual aumentó de tamaño y extensión debido a que otras áreas de tierra firme, que emergieron de entre las aguas vecinas, se sumaron al mismo.

El Golfo de México antiguamente habría sido un hermoso valle. Las islas de las Antillas, las Canarias (España), serían también pedazos de la sumergida Atlántida. El antiguo mar de Kolhidius, situado al noroeste del continente recién formado entonces y conocido como Ashhartk (Asia), cambió de nombre y hoy se conoce con el nombre de mar Caspio. Las costas de este mar estarían formadas por tierras que al emerger del océano se unieron al continente de Asia.

El Asia, el mar Caspio y todo ese bloque de tierra junto es lo que hoy en día se conoce con el nombre de Cáucaso. Dicho bloque en aquellos tiempos se habría llamado Frianktzanarali y más tarde Kolhidishissi.

Por aquella época había un gran río que fertilizaba toda la rica tierra de Tikliamis y que desembocaba en el mar Caspio. Ese río se llamaba entonces Oksoseria y todavía existe, pero ya no desemboca en el mar debido a un temblor secundario que lo desvió hacía la derecha, como ya vimos.

El rico caudal de agua de ese río se precipitó violentamente por la zona más deprimida del continente asiático, dando origen al pequeño mar de Aral. Pero el antiquísimo lecho de ese viejo río, llamado ahora Amudarya, todavía puede verse como sagrado testimonio del curso de los siglos.

Después de la tercera gran catástrofe, que acabó con la Atlántida, el antiguo país de Tikliamis con su formidable capital, situada a orillas del mencionado río, fue cubierto con todos sus pueblos y aldeas por arena y ahora es sólo un desierto.

ANEXOS

Hace algún tiempo, la revista *Medivisión, historia de la medicina*, publicó un artículo sumamente valioso por su contenido, firmado nada menos que por Gaspar A. Xiu-Chacón, presidente del Supremo Consejo Maya y de la Alianza Maya de Yucatán.

Allí, este heredero directo de aquella cultura milenaria, echa luz sobre uno de los temas menos difundidos y más desconocidos respecto de la vida cotidiana de los mayas: el tipo de medicina que practicaban.

"Las enfermedades y los males –comienza escribiendo Xiu-Chacón– provenían, según los mayas, de los malos vientos, de los hechizos y brujerías, de la conjunción de los astros, o por el enojo de alguno de los dioses de la teogonía maya. Por este motivo, las enfermedades eran curadas bajo el signo y oración religiosa de alguno de los siguientes sacerdotes:

Ah-men: Era un profeta y adivino que curaba los males de sus pacientes por medio de la inspiración divina que recibía de sus largos trances con los espíritus y dioses que invocaba. Los principales males de los que se ocupaba eran aquellos causados por hechicería; y para curarlos o adivinarlos utilizaba el zaztún o piedra taumaturga, en donde creía ver a las personas que causaban el mal. También conocía el secreto de muchas hierbas curativas.

El brujo hechicero (Pul-yahob): Era, según el autor, un personaje que curaba las enfermedades mediante ritos practicados con plantas y animales, o valiéndose de figuras de barro que ahuyentaban a los malos vientos y espíritus de sus enfermos. También se ocupaba de causarle mal a los enemigos.

Este personaje, de acuerdo a Xiu- Chacón, era muy temido por los mayas porque afirmaban que, para hacer mal, podía adoptar la forma de cualquier animal, y llegar hasta su enemigo para causarle el daño que quisiera.

Los dzac-yahes, en tanto, eran los verdaderos curanderos o yerbateros que dominaban a la perfección el conocimiento químico y medicinal de las hierbas y de las plantas.

"Su sistema curativo es acertadamente científico y eficaz –escribe el autor–. Esto se ha demostrado por la inmensa cantidad de literatura médica maya, que muchos europeos copiaron de los manuscritos y recopilaron también durante sus investigaciones científicas, practicadas durante muchas décadas entre los pueblos mayas".

A continuación, Xiu-Chacón cita a Thompson cuando dice: "Es sorprendente el número de textos médicos de los mayas que tratan de la sintomatología de las enfermedades, y sus datos están basado en observaciones objetivas de los efectos de ciertas plantas en el sistema del cuerpo humano. Algunas de estas plantas aparecen en la farmacopea de los Estados Unidos de Norte América".

Y prosigue el autor:

"Aunque no poseo datos exactos y comprobatorios, casi puedo asegurar que entre los médicos mayas había, incluso, grandes cirujanos puesto que practicaban la trepanación en algunos de sus muertos...".

Para el caso de las fracturas de huesos o cuando éstos se astillaban, afirma el autor, los mayas utilizaban un pequeño bisturí de pedernal macizo para evitar el derramamiento interno que las astillas ocasionaban. Éstas eran extraídas con gran cuidado, y después de lavar la herida con hierbas, el brazo o la pierna eran entablillados rústicamente, pero con ciencia y habilidad de grandes ortopedistas.

El mismo bisturí era utilizado en heridas crónicas o infectadas para extraer pus o materia, y en algunas heridas también practicaban la sangría.

"A la llegada de los españoles y de los primeros misioneros a la península –relata el autor–, en el año 1550, les causó sorpresa y admiración ver a cientos de indígenas acudir en largas y solemnes procesiones a la sagrada ciudad de Izamal para rendirle culto a Zamná, que según la mitología de los mayas fue el creador de todas las cosas que existen en el Yucatán. En realidad podemos considerar a Zamná como el fundador de Izamal y como el gran cacique y sumo sacerdote, cuya gloria es haber fundado en tiempos primarios la organización social y religiosa de estos pueblos, que aprendieron a regirse con dignidad, culto y sabiduría. Pero es indudable que Zamná fue un sabio y científico, conocedor de todas las ciencias...Se lo consideraba a Zamná descubridor de las virtudes químicas de las plantas, y quien fundó, en unión con Xchel y con Citbolontun la escuela médica en la que después hicieron su profesión los *Ah-menes* y curanderos".

Lo cierto es que a mediados del siglo XVII empezaron a conocerse varias de las obras médicas que habían dejado escritas los mayas. Había allí detalladas descripción de varios tipos de enfermedades, recetas curativas así como el nombre nativo y científico de las hierbas y plantas medicinales.

La astronomía

Es muy posible que el hecho de que como los mayas eran básicamente agricultores y no cazadores como las poblaciones del sur de América, el interés que en ellos despertó la astronomía tuviese un significado doble: la curiosidad científica, por un lado, y la supervivencia alimenticia, por el otro. Poder prever las estaciones y, con ellas, los momentos de la siembra, no era evidentemente una cuestión menor.

En su trabajo *Astronomía de los mayas*, José Marcelo Tisari afirma: "Los antiguos mayas crearon un sistema adecuado de escritura y numeración que les permitió calcular la periodicidad de los eclipses de Sol y de Luna...

"En los pueblos antiguos –agrega– el impacto que causaba un eclipse era muy grande y los sacerdotes mayas, para solucionar futuros problemas, registraban en sus propios libros jeroglíficos lo que sucedía en las ciudades y con los gobernantes".

Valdría la pena recordar que los eclipses –ocultación total o parcial de un cuerpo celeste por interposición de otro– eran considerados en la antigüedad como presagios de guerras, pestes, muertes de monarcas, o anticipación del fin del mundo.

El eclipse entre el Sol y la Luna puede tener dos formas características: eclipse total (cuando la Luna se encuentra en su menor distancia con respecto a la Tierra y oculta completamente al Sol), o eclipse anular (cuando la Luna no logra ocultar completamente al Sol y aparece un anillo de luz alrededor de ella). Los eclipse totales de Sol son visibles desde pocos lugares de la Tierra. En alguno de esos puntos, este fenómeno se visualiza sólo una vez cada 360 años.

Los eclipses de Luna, en cambio, se producen cuando el satélite desaparece entre la sombra que proyecta la Tierra en el espacio, y casi siempre ocurre en el plenilunio.

Recuerda Tesari que en el México antiguo no se disponía de instrumentos adecuados para llevar adelante cálculos astronómicos; es por eso que a esta ciencia, en Mesoamérica, se la conoció como *astronomía sin telescopio,* en la medida en que sólo se utilizaban los ojos, el papel y la tinta.

"De acuerdo con la descripción de un fraile –describe el autor–, los astrónomos prehispánicos se sentaban en el suelo y sobre sus cabezas colocaban una especie de tela delgada; quizás con ella veían el movimiento periódico de los astros a lo largo de tiempo".

También se sabe que los mayas, para llevar adelante sus observaciones se valían de las que se conocieron como *varas cruzadas,* que eran dos ramas largas, atadas en forma de cruz, y montadas sobre otra, colocada en posición vertical. Luego, a una cierta distancia de esta suerte de balancín, montaban otro palo. De tal forma, cuando el observador se situaba detrás de alguna de las varas podía hacer un trazo visual.

Cuando miraban el sol practicaban la astronomía parados, o sea, en forma vertical; en cambio, cuando debían observar el cielo, se acostaban.

"Los pueblos prehispánicos –recuerda también Tisari– construyeron edificios especiales como el J de Monte Albán, Oaxaca y el Caracol de Chichén Itzá, a cuya arquitectura ahora se la denomina calendárica.

"Estas construcciones permitieron registrar algunos puntos del horizonte *pues la orientación de sus muros y aberturas hacia direcciones de importancia astronómica les hacía servir como marcadores*".

Así, por ejemplo, la prolongación de la Calzada de los muertos que forma el eje norte-sur de Teotihuacán, lleva por el lado sur a un dibujo grabado en una roca del Cerro Patlachinque. Allí se ve un círculo de puntos que tiene en su interior dos diámetros que se cruzan en ángulo recto.

Dichos grabados, que pueden hallarse también en otros lugares de Mesoamérica, sugieren que se utilizaron durante cierto tiempo para determinar los puntos de salida y ocultamiento del sol, orientando así el sentido de las construcciones.

Se han descubierto además, variantes respecto de estos grabados indicativos: en un solo círculo o en dos círculos concéntricos, los diámetros que los cruzan tienen distinta orientación. También se empleaban figuras cuadrangulares. Y aunque la mayoría de los grabados hallados se encuentran en lugares elevados, los hay también en estucos, zonas en lugares bastante céntricas de las antiguas ciudades.

Parece obvio, entonces, que un mismo grabado se usase de distintas maneras y con significados diferentes. Sin embargo, la mayoría de los antropólogos dan por probado que para los mayas los círculos de puntos y otros recursos similares estaban directamente relacionados con los movimientos del sol y, en consecuencia, con la orientación de sus ciudades en función de los cuatro puntos cardinales.

Los observatorios mayas

Durante muchísimos años, antropólogos de distintos orígenes procuraron determinar con exactitud cuáles de todos los edificios prehispánicos –no sólo mayas– fueron construidos con el propósito de servir como observatorios astronómicos. Y de los estudios sólo el Caracol de

Chichén Itzá parece haber pasado la prueb al reunir las evidencias necesarias.

El edificio se alza sobre dos plataformas superpuestas con lados que no forman cuadrados rectangulares sino trapezoidales. Los motivos por los cuales los constructores mayas eligieron el trapecio y no el cuadrado está relacionado, seguramente –no se ha podido probar fehacientemente–, con que la posición de los astros en aquel entonces era diferente de la actual. La perpendicular a la escalera de la primera plataforma apunta al lugar por donde se oculta Venus en su máxima declinación norte, en tanto que la perpendicular a la escalera de la segunda plataforma se orienta hacia el punto de la caída del Sol en los días de su paso por el cenit.

Tres de los lados de la segunda plataforma determinan ángulos rectos entre sí, pero, en cambio, el cuarto es bastante oblicuo, con el objeto de conseguir que la diagonal que une a los ángulos sudeste y noreste apunte a la puerta del sol en los solsticios de invierno, y hacia la salida de éste, en el verano.

Sobre dicha plataforma se alza un edificio circular, con dos paredes concéntricas y un macizo núcleo interior. La pared externa (de las dos concéntricas) está dotada de cuatro puertas, cada una de las cuales mira hacia uno de los puntos cardinales. La pared interna, en tanto, dispone también de cuatro puertas pero, en este caso, orientadas en sentido sudeste, sudoeste y noreste, noroeste.

En el núcleo central se abre un conducto en espiral (en caracol) situado a unos tres metros del piso, que conduce directamente a la cámara de observación. Esta cámara está dotada de tres ventanas con distintas medidas (difícil de comprobar a simple vista). Las dimensiones y la ubicación de las ventanas delatan con claridad la intención de los constructores de que cada una de ellas sirviese para observar distintos fenómenos astrológicos. Desde ellas es posible determinar con llamativa precisión los días de los equinoccios, así como de la Luna, de Venus y de la estrella Sirio.

Toda esta suma de datos –y otros que no hemos detallado para no extendernos en precisiones demasiado técnicas– certifica con absoluta claridad que el Caracol fue para los mayas un centro de observación astrónomica que le posibilitó tomar nota del movimiento de los astros y poder predecir los eclipses como consecuencia de dicho movimiento.

Pero si bien es cierto que sólo este edificio ha podido ser definido con precisión por los antropólogos como un observatorio, habrá que admitir también que muchas ciudades mayas fueron construidas con un concepto de –digamos– *observatorios naturales.*

Así, el grupo E de Uaxactún está formado por una

plaza, delimitadas por plataformas que apuntan hacia los cuatro puntos cardinales. La construcción al poniente de la plaza parece haber tenido un solo edificio, en tanto que la oriente contaba con tres. Ubicado en cualquier punto cercano al centro de la fachada oriental de E, un observador que mire hacia el centro del edificio central verá emerger el sol, exactamente por detrás del templo, en los días de los equinoccios. También la arista izquierda del primer edificio, indica el punto del horizonte en donde se levanta el sol el día del solsticio de verano.

El tercer templo, cuyo eje se desvía unos 11º del eje de orientación de los demás edificios, tiene la misma función para el día del solsticio de invierno.

También las construcciones del Templo Mayor de Tenochtitlán tienen sus ejes desviados unos 17º de la orientación exacta de los puntos cardinales, lo que muestra con elocuencia la relevancia que tenía para los mayas el punto del ocaso el día del paso del sol por el cenit.

Es bastante probable, además, que el templo del Gran Teocalli fuese utilizado también como observatorio por los sacerdotes astrónomos.

Con lo cual la realidad parece indicar que, para los mayas, las astronomía encerraba, al menos para las clases populares, fuertes connotaciones religiosas que las castas dirigentes estimulaban. Existen casos también en que las líneas de observación que unen un poblado con el otro, seguramente como causa y a la vez efecto de la distribución geográfica de los asentamientos, debía armonizar con el comportamiento de los astros.

Pero no solamente en la zona maya existen observatorios, o construcciones que parecen serlo. En el edificio J en el Monte Albán, tanto la plataforma norte como la sur, la oriental y la central, así como los cuartos construidos sobre ellas, miran a los cuatro puntos cardinales.

El edificio J no es rectangular sino pentagonal (un detalle que ya hemos observado antes), y ninguno de sus lados forma ángulo recto con el adyacente. El lado de la escalera forma un ángulo de 45º con el eje norte-sur, de modo tal que la perpendicular a la escalera apunta al sitio preciso por el que salía la estrella Cabra como heraldo del Sol, en los tiempos en que se construyó el edificio.

Por el extremo contrario, las líneas que parten del ápice del pentágono apuntan a cinco de las estrellas más brillantes. El edificio tiene, además, un túnel que probablemente se utilizaba como lugar de observación, en combinación con otros edificios. Por ejemplo, la entrada del templo que estuvo sobre el edificio J, guarda una perpendicular con un tubo vertical del edificio P, la que apunta a los pasos del Sol por el cenit, en fechas que corresponden a nuestro 8 de mayo y 5 de agosto.

Los astros y el hombre

Sería casi ocioso recordar que la astronomía estuvo tan íntimamente ligada al hombre, desde el principio de los tiempos, como no lo estuvo ciencia alguna. La salida y la puesta del sol como referentes para las jornadas laborales; los meses, definidos por el ciclo lunar y, con ellos, las estaciones que anunciaban la hora de las siembras o de las cosechas; y –por qué no– los ritos religiosos propiciados por los astros a los que muy frecuentemente se los asociaba con divinidades.

Así, esta ciencia milenaria se convirtió en una suerte de rectora de los hombres de la antigüedad. Sus designios regían desde lo económico hasta lo político y lo religioso.

Tan vinculada al hombre estuvo la astronomía que los primeros estudios que se conocen datan de los siglos IV y II a. C. y se refieren a los pueblos de la llamada *media luna fértil*, o sea, aquellos que habitaban en los territorios bañados por los ríos Tigris, Éufrates y Nilo, incluyendo también a los chinos, a los hindúes y a los habitantes de América Central.

Más tarde, los babilonios lograron definir con precisión tanto el *mes sinódico*, o sea el intervalo de tiempo entre dos fases iguales y sucesivas de la Luna, como *el período sinódico de los planetas*, vale decir, el tiempo que transcurre entre dos posiciones iguales de un planeta frente a la Luna.

Como en otros casos, el calendario babilónico se basaba en el movimiento de la Luna, por lo que dividieron sus meses en treinta días.

Fueron ellos, también, quienes descubrieron el llamado *ciclo de Saros*, es decir, el período de dieciocho años que separa periódicamente los eclipses de Sol y de Luna, y son los responsables de los nombres de las constelaciones que se conocen hoy en día.

La astronomía le debe, además, a los egipcios, los calendarios basados en los movimientos del Sol y de la Luna. Así, el año 365 se iniciaba cuando la estrella Siro aparecía por primera vez en el atardecer, fenómeno que coincidía con las temidas crecidas primaverales del río Nilo.

A los chinos, entretanto, la astronomía moderna debe tributarle las abundantes y detalladas crónicas que dejaron, en las que describían los fenómenos celestes. Eclipses, aparición de cometas y de nuevas estrellas, etc. constituyen un material imprescindible para la astronomía comparada (fenómenos antiguos y modernos).

En los siglos que anteceden a la era cristiana, Grecia se convirtió, sin ningún lugar a dudas, en el centro de desarrollo de la astronomía más importante del mundo conocido. Los nuevos investigadores no sólo se abocaron a perfeccionar los conocimientos heredados de los pueblos que los habían precedido, sino que comenzaron a determinar las dimensiones físicas, tanto de la Tierra, como del Sol y de la Luna. Pero más que eso, los griegos fueron los pioneros en el estudio de *los sistemas del mundo;* dicho de otra forma: las posiciones de los distintos cuerpos celestes en el espacio y la naturaleza de sus movimientos.

Acaso uno de los más importantes de estos sistemas, formulado por Eudoxio de Cnido, define a la Tierra como un cuerpo inmóvil, ubicado en el centro del Universo. A su alrededor, planteaba, giraban el resto de los planetas, fijados a una serie de esferas *homocéntricas* (con el mismo centro).

El sistema de Eudoxio de Cnido fue adoptado más tarde por Aristóteles –con todo lo que ello significaba– , quien le agregó un número mayor de esferas, logrando que la concepción geocéntrica llegase hasta el Renacimiento.

A partir del siglo III a. C. y hasta el II d. C. Alejandría habría de transformarse en otro poderoso polo de desarrollo de la astronomía. En buena medida, merced a la presencia de cuatro hombres que aportaron hallazgos de verdadera magnitud científica. Ellos eran: Aristarco de Samos, Eratóstenes, Hiparlo de Nicea y Claudio Ptolomeo.

Aristarco, además de haber medido con bastante aproximación las distancias de la Tierra con el Sol y con la Luna, y sus diámetros respectivos, fue el primero en la historia de la humanidad en postular que era el Sol y no la Tierra el centro del Universo. Era demasiada osadía para su tiempo, y su teoría fue rechaza de plano. Deberían pasar otros dieciocho siglos hasta que Copérnico la formulase nuevamente.

Eratóstenes, por su parte, logró determinar la circunferencia de la Tierra, e Hiparlo elaboró un catálogo estelar en el que introducía un sistema de medición de la luminosidad aparente de los astros. En tanto que Ptolomeo –acaso el astrónomo más prolífico de la antigüedad– logró revocar el sistema geocéntrico de Aristóteles y Eudoxio, proponiendo otro que llegaría hasta Copérnico. Y más que eso, Ptolomeo compendió la mayoría de los conocimientos griegos y alejandrinos en una descomunal obra de trece volúmenes (*Almagesto*) que sirvió de base para la astronomía moderna.

Astronomía y astrología

En un reciente y provocativo trabajo publicado en la revista de la Agrupación de Astronomía ADAAR, Jesús

Maíz Apellaniz se interroga acerca del parentesco entre astronomía y astrología, y la consistencia científica de esta última.

"La confrontación entre astrónomos y astrólogos es bien conocida y se viene produciendo desde hace largo tiempo", escribe.

"De vez en cuando –continúa– podemos leer en los periódicos nuevos episodios de esta guerra, normalmente en forma de manifiestos en contra de la astrología, firmados por varios de cientos de miles de científicos, o de un nuevo experimento que ha vuelto a refutar las predicciones de los astrólogos. Pero, a pesar de eso, podemos encontrar en el mismo periódico unas páginas más adelante, el horóscopo zodiacal del día, o incluso un horóscopo *chino* o de otro tipo, el cual será leído probablemente con interés por las mismas personas que han leído el artículo anterior. Ante dicha situación la mayoría de nosotros solemos tomarnos de los cabellos y lamentarnos ante semejante incongruencia".

A juicio de Maíz Apellaniz existen tres argumentos con los cuales se puede poner en jaque a la astrología: físicos, astronómicos y estadísticos.

Los primeros, plantea el autor, suelen aludir a la influencia de los astros sobre las vidas de las personas. Entonces Júpiter puede tener un rol más desencadenante que el de la partera en la vida del bebé. Tampoco se menciona la posible influencia de una montaña cercana como elemento determinante, cuando una montaña puede llegar a superar en varios órdenes de magnitud a muchos planetas.

"Los argumentos astronómicos –escribe el autor– hacen referencia al grave desconocimiento de la Tierra que muestran los horóscopos. El Sol no atraviesa doce sino trece constelaciones, la decimotercera es Ofiuco. Y las fechas en que las atraviesa a una determinada velocidad son diferentes a las publicadas en los horóscopos, debido a la precesión de los equinoccios. Una persona nacida el 5 de julio no *es Cáncer* sino *Géminis*. Eso sin contar el hecho de que durante una considerable cantidad de días al año el Sol está entre una constelación y otra, aunque nadie diga que una persona nacida el 19 de enero *sea* mitad Sagitario y mitad Capricornio".

Finalmente, postula Maíz Apellaniz, los argumentos estadísticos se basan en experimentos llevados adelante por astrónomos y astrólogos de manera conjunta. En ellos se procura medir la tasa de aciertos y errores de las predicciones aleatorias de la astrología. Los resultados, afirma el autor, demuestran que la astrología no suma más aciertos que los del puro azar.

Por lo cual, concluye, "la astrología surge fundamentalmente de un sentimiento irracional muy común, que es la necesidad de la seguridad ante la incertidumbre. El ser humano, muchas veces defraudado por las desdichas, tiende a buscar una esperanza, o una justificación de sí mismo que trascienda lo que lo rodea. Dicha ansia de búsqueda es irracional, no en el sentido en que se oponga a la razón sino en el de que no surge de ella".

Decidido a ejemplificar, Maíz Apellaniz acude a la religión: "La mayoría de las religiones actuales no se oponen a la razón –dice–, ya que reservan unas explicaciones a la ciencia y otras a la fe, permitiendo que el pensamiento teológico no esté en contradicción con lo que se conoce por medio de la razón. Eso hace que la fe religiosa pueda ser irracional pero no antirracional. En cambio, es fácil ver que una secta que tenga como dogma de la fe que el mundo se creó en siete días entra en un claro conflicto con la ciencia, y por lo tanto, con la razón. Eso haría que una creencia de ese tipo, además de ser irracional, fuera claramente antirracional".

En este aspecto, postula el autor, la astrología es irracional, pero también antirracional, y surge de la necesidad de trascendencia que impregna al ser humano. Necesidad irracional pero válida. La invalidez de la creencia, entonces, no surge del ansia en sí, sino de la oposición a la razón que dicha creencia conlleva.

Contrariamente al astrónomo español, Ester La Torre, astróloga y terapeuta corporal de la Core Energética, escribe, en un artículo que publica la revista *En buenas manos*:

"La astrología es uno de los conocimientos de la tradición metafísica, conocida como sabiduría antigua y que ha prevalecido a través de los siglos. Surge como una necesidad de encontrar un orden oculto detrás de la confusión y el caos existente en el mundo. Con ella se aprende a relacionar las experiencias de la vida con el esquema ordenado, revelado por el movimiento de los astros".

Según La Torre, el pensamiento astrológico ha girado sustancialmente en el curso de los últimos cien años. Hasta el siglo XIX, los astrólogos adherían al antiguo sistema formulado por Ptolomeo, cosa que ha dejado de ocurrir.

A juicio de la autora, una de las tendencias que identifican esta modernización la constituye la popularización de los elementos más básicos, o sea, aquellos que se refieren a la posición del Sol y de los planetas en el zodíaco; y al modo en que afectan los planetas en tránsito sobre la carta natal.

"Una segunda tendencia –afirma la autora– trata de establecer los descubrimientos astrológicos sobre una base estadística para que pueda darle un carácter *más científico* y para obtener así un reconocimiento por los pensadores académicos”.

Hay también una tercera tendencia, admite Ester La Torre, que trata de relacionar la astrología con doctrinas esotéricas, tanto occidentales como orientales.

“Otra tendencia –argumenta la astróloga– tiene su origen en el reconocimiento del carácter simbólico de la astrología como una técnica para la comprensión básica de la naturaleza, especialmente la naturaleza humana. De acuerdo con este enfoque, la astrología nace de la necesidad de orden que se esconde en cada ser humano. Los fenómenos celestes revelan dicho orden, y el hombre, usando este orden y observando lo que ocurre a su alrededor y dentro de sí mismo adquiere comprensión, pudiendo de esta manera satisfacer su anhelo de armonía. Identifica su conciencia en los patrones y ritmos celestes, se une con el principio del orden universal, y colaborando con dichos ritmos se convierte en una persona íntegra: un ser sabio”.

Para los mayas, en cambio, las profecías tenían por finalidad advertirle al hombre lo que habría de ocurrir, basándose en lo que ya había pasado. Concepción cíclica del tiempo según la cual el pasado se repite y, conociéndolo lo suficientemente bien, es posible predecir el futuro.

En sus códices o textos, los hechos efectivamente históricos estaban mezclados –a veces de modo indescifrable– con historias sagradas y con mitos, en la medida en que los dioses y las narraciones sobre ellos y sus hazañas eran, para los mayas, hechos tan reales que merecían la calificación de "históricos".

Ciencia e historiografía se inscriben, así, en el ámbito de la religión, y su creación habla tanto de un intento por conocer la influencia de los dioses, como de utilizarlas a favor del hombre.

El horóscopo maya

Los códices mayas que han llegado hasta nosotros son, en esencia, libros de adivinación, entendida ésta como buen o mal pronóstico de lo que puede suceder en un día determinado. En tal sentido se parecen bastante a los horóscopos modernos que se arrogan la capacidad de predecir si una fecha es buena o no para ciertas personas o para determinadas actividades.

En el caso de los mayos, los augurios estaban signados por la compleja interrelación de influencias que, sobre cada jornada, ejercían los dioses en los diversos períodos de tiempo. Sin embargo, en la medida en que estos dioses se identificaban en buena medida con los astros, eran estos últimos los que determinaban qué habría de suceder.

Al igual que los celtas, al igual que los chinos, los mayas también compusieron su propio horóscopo bajo los preceptos antedichos. Conformado por doce signos, cada uno de los cuales dura aproximadamente un mes, estos estudiosos de la astronomía eligieron a ciertos animales como símbolos de la caracterología de los seres humanos según la influencia de los astros.

El Centro de Estudios del Mundo Maya, una prestigiosa institución con sede en Mérida, abocada a la investigación y el estudio de todo lo atinente a la cultura maya, ha hecho un largo y pormenorizado trabajo en torno a las características de cada signo de ese horóscopo. Nosotros, en cambio, le daremos al lector apenas una apretada síntesis de dicho material. Siempre quedará en manos de quienes lo deseen ampliar los conocimientos sobre el tema.

Lagarto (del 13/12 al 9/1)

Según los mayas, la mujer Lagarto se caracteriza por ser una excelente administradora, una obsesiva de la limpieza y una persona muy hogareña. Es sincera, franca y desprendida. Ama el sol y el mar, siendo capaz de pasarse horas echada en una playa. Buena madre y cultora de la responsabilidad individual de los seres humanos.

El hombre Lagarto, entretanto, se caracteriza por una personalidad misteriosa. Básicamente solitario, muy lector e informado, venera el orden y la prolijidad. Sin embargo, suele tener poca dedicación para las cosas de la casa y puede ser bastante holgazán en ese terreno.

Para los mayas, el Lagarto es afín al Escorpión, al Jaguar y a la Tortuga.

Mono (del 10/1 al 6/2)

El horóscopo maya define a la mujer Mono como simpática, divertida y ocurrente, tanto como histriónica. Son coquetas, seductoras y aman los desafíos. Enamoradiza y creativa, también se ocupa con solvencia de los quehaceres cotidianos.

El hombre Mono, por su parte, suele ser extremadamente independiente y su libertad es una cuestión crucial. Emprendedor y ambicioso al punto de embarcarse en proyectos imposibles que, sin embargo, suele llevar a buen puerto. Ama la opulencia y aborrece la mediocridad. Mujeriego y con una energía interminable.

El Mono, en este horóscopo, es afín a la Serpiente y al Pavo Real.

Halcón (del 7/2 al 6/3)

La mujer Halcón es, acaso, una de las más particulares de este zodíaco: exigente al máximo con quienes están a su lado. Debe admirarlos y respetarlos. Aprecia el arte y la belleza en general. Tiene gustos refinados y suelen vivir en casas suntuosas.

El hombre Halcón, en cambio, es más bien un solitario empedernido. Reconcentrado y cambiante en lo que a las opiniones respecta. Se relaciona con mujeres bellas pero que sean al mismo tiempo inteligentes. Más bien callado, suele exigir de quien esté a su lado un comportamiento similar. Machista y bastante chapado a la antigua.

Para el zodíaco maya, las afinidades del Halcón son la Lechuza, la Ardilla y la Serpiente.

Jaguar (del 7/3 al 3/4)

Los mayas definían a la mujer Jaguar como un ser cambiante e imprevisible, independiente y amante de su libertad. Sin embargo, necesita a un compañero que la proteja y la haga sentirse segura en el mundo. Tiene un enorme poder en la mirada y suele ser desafiante. Seductora y felina.

El hombre Jaguar, entretanto, es indomable como la fiera que identifica a su signo. Necesita parejas divertidas y extrovertidas, aunque él no lo sea tanto. Para los mayas, detrás de esta fiera amenazante se oculta un gatito asustadizo que necesita protección y cariño. Es creativo, muy activo, independiente y sumamente curioso.

El Pavo Real, el Murciélago y la Tortuga son los signos que tienen mayor afinidad con el Jaguar.

Zorro (del 4/4 al 1/5)

Creían los mayas que las mujeres de este signo suelen no valerse de buenas artes para conseguir sus objetivos, aunque éstos sean bien intencionados. Es impredecible y se adapta con facilidad a las distintas situaciones de la vida que le toque enfrentar. Suele ser austera y fantasiosa. Es locuaz, espontánea y bohemia.

El hombre Zorro, por su parte, es rebelde y le cuesta adaptarse a las normas impuestas. Suele ser un justiciero romántico, defensor de las "causas perdidas". Soñador e idealista. Estudioso e inteligente. Capaz de comprender que para enfrentarse al adversario hay que conocerlo como a uno mismo.

Los signos de zodíaco maya más afines al Zorro son el Escorpión, el Lagarto, la Serpiente y la Lechuza.

Serpiente (del 2/5 al 29/5)

La mejer Serpiente, según la definían los mayas, es algo así como una sibarita suprema. Exigente en los placeres y con gustos refinados. Independiente, ambiciosa, inteligente y despiadada en la pelea. En el amor es apasionada, romántica y fatal. Suele lidiar entre la segura vida hogareña y los amores prohibidos.

El hombre Serpiente, en cambio, es un triunfador nato. Los negocios están siempre antes que otra cosa. Son exigentes en el amor y también algo machistas. Temperamentales, amantes de la buena comida, de los placeres y del buen sexo.

La Serpiente es afín al Venado y al Mono.

Ardilla (del 30/5 al 26/6)

Para los mayas, la mujer Ardilla es, acaso, la más femenina del zodíaco. Ama su rol de mujer y lo cumple a rajatabla. Ocupa un lugar central en el hogar haciendo todo lo que debe ser hecho. Es histriónica, simpática e inagotable. Su energía lo puede todo.

Los hombres de este signo, en tanto, son ingeniosos y "buscavidas". Descreen de la sociedad de consumo y aman la simpleza. Trabajan para vivir, sencillamente. Les gustan los deportes y suelen ser bastante mujeriegos. Son bohemios, idealistas y seres humanos de gran corazón.

La Ardilla suele vincularse muy armoniosamente con la Lechuza y el Halcón.

Tortuga (del 27/6 al 25/7)

Dicen los mayas que la mujer Tortuga es la ama de casa perfecta. Aquella que cualquier hombre desearía encontrar. Hogareña, amante de la familia por encima de todo, suelen casarse pronto y ser madres casi de inmediato. Fieles, ahorrativas y muy cariñosas con quienes las rodean.

El hombre Tortuga es tímido y reservado. Prefiere pasar inadvertido que llamar demasiado la atención. Son leales con su pareja e incondicionales con sus amigos. Trabajadores y ahorrativos, todo el dinero que ganan será para llevar a su hogar. Algo machistas y muy formales.

La Tortuga se comunica muy especialmente con el Murciélago, el Pavo Real y el Jaguar.

Murciélago (del 26/7 al 22/8)

La mujer Murciélago es, ante todo, un ser con una lógica propia, aunque vista desde afuera pueda parecer contradictoria. Aborrece ser parte de un todo y lucha permanentemente por diferenciarse. Casi siempre lo logra.

Original, seductora e irónica. En el amor es básicamente solitaria y desconfiada. En el matrimonio, prefiere ser ella quien tome las decisiones.

Los hombres Murciélago, por su parte, aman el éxito y suelen sobresalir en cualquier profesión. Son exigentes con ellos mismos y reclaman que también los demás lo sean. Independientes y decididos, esperan de su pareja exactamente lo mismo.

Zodiacalmente, las afinidades del Murciélago son el Jaguar, el Pavo Real, el Halcón y la Serpiente.

Escorpión (del 23/8 al 19/9)

La mujer Escorpión suele ser infinitamente desconfiada en el amor. Pone a prueba una y mil veces a quien pretenda su corazón. Teme, antes que nada, ser herida. En este marco puede parecer fría e indiferente aunque no lo sea en realidad.

Elige a los hombres trabajadores y sencillos. Aborrece al fanfarrón. Es sarcástica y cultiva el buen humor.

Tampoco el hombre Escorpión es demostrativo. Suele ser más bien parco y algo indiferente. Tímidos pero sumamente ingeniosos, tienen, además, fama de excelentes amantes.

El Escorpión tiene especial afinidad con el Lagarto y también con el Zorro.

Venado (del 20/9 al 17/10)

Los mayas definían a la mujer Venado como muy coqueta y con un preciso sentido de las combinaciones. Combina formas, colores y estilos sin romper nunca la armonía. El amor es la cuestión central sobre la que basa su existencia: su novio, su marido y luego sus hijos. Cariñosa, tierna y dulce son sus atributos relevantes.

El hombre Venado es, acaso, el más sensible del zodíaco maya. Pero por eso, tal vez, lo espanta el compromiso matrimonial. Dubitativo, dual y un poco infiel. El matrimonio puede así convertirse en una prisión. Sin embargo es cariñoso, demostrativo y, sobre todo, infinitamente sensible.

Los mejores amigos del Venado son la Serpiente, el Mono y la Tortuga.

Lechuza (del 18/10 al 14/11)

La mujer Lechuza se caracteriza por la especial sensibilidad que tiene para saber lo que siente y piensa el otro en todo momento. Eso la hace la mejor amiga del zodíaco. Es sabia y mira la vida desde la lucidez. Ama lo espiritual (porque ella lo es) y también la fidelidad del otro. Le gusta sentirse cómoda con la ropa que usa y tiene especial debilidad por los oropeles: collares, pulseras, etc.

El hombre Lechuza, entretanto, es libre y jovial. Adora la noche con todas sus tentaciones, los amigos y las mujeres hermosas. Es, obviamente, bastante mujeriego. Pero también es muy cariñoso y tiene especial debilidad por sus hijos.

Los mejores amigos de la Lechuza en el zodíaco maya son la Ardilla, el Halcón y el Pavo Real.

Pavo Real (del 15/11 al 12/12)

La mujer Pavo Real es coqueta, cuidadosa al extremo de su apariencia personal, algo exótica y hasta estrafalaria. Se atreve a lucir accesorios como pocas, pero siempre en el marco de una armonía casi perfecta. Suelen ser mujeres difíciles para el amor en virtud de sus características tan particulares. Necesitan admirar y respetar al hombre que tienen al lado, pero al mismo tiempo éste no debe hacerles sombra. Ella necesita sobresalir.

Por su parte, el hombre Pavo Real es un líder innato. Tiene carisma, inteligencia, seducción y un intelecto agudo. Sin embargo, como confía demasiado en sí mismo, suele dormirse en los laureles y eso le trae consecuencias desagradables. Es exigente en el amor y necesita a su lado personas independientes y creativas.

El Pavo Real tiene especial afinidad con el Jaguar, el Murciélago y la Tortuga.

Bibliografía

- Anconada, E., *Historia de Yucatán*, Barcelona, 4 vol. 1917.

- Barrera-Vázquez, A., *El libro de los Libros de Chilam Balam*, Fondo de Cultura Económica, México, 1948.

- Covarrubias, M., *Indian Art of México and Central America*, Knopf, Nueva York, 1957.

- De Landa, D., *Relación de las cosas de Yucatán*, Porrúa, México, 1959.

- Díaz del Castillo, B., *Historia verdadera de la conquista de Nueva España* (1517-1568), Porrúa, México, 1955.

- De Madariaga, S., *Hernán Cortés*, Sudamericana, Buenos Aires, 1991.

- Gallekamp, C., *Maya*, David Mc Kay, Nueva York, 1959.

- Ivanoff, P., *Civilizaciones maya y azteca*, Mas-Ivars, Valencia, 1972.

- Krickeberg, W., *Las antiguas culturas mexicanas,* Fondo de Cultura Económica, México, 1961.

- Morley. S. G., *The Ancient Maya*, Stanford University Press, California, 1956.

- Lacouture. J., *Jesuitas I – Los conquistadores*, Paidós, Barcelona, 1991.

- Ruiz Lhuillier, A., *La civilización de los antiguos mayas*, INAH, México, 1963.

- Prampolini, G., *La mitología en la vida de los pueblos* (Tomo II), Montaner y Simón, Barcelona, 1969.

- Sodja, C., *Leyendas mexicanas de antes y después de la conquista*, Edamex, México, 1986.

- Slosman, A., *Los supervivientes de la Atlántida*, Luciérnaga, Madrid, 1999.

Artículos y trabajos académicos

- Bowditch, C. B, *The Numeration, Calendar System and Astronomical Knowledge of the Mayas*, Cambridge, 1910.

- Cuevas, M., *Documentos inéditos del siglo XVI para la historia de México*, S. J., 1914.

- Gage, T., *Travels in de New World*, 1648, University of Oklahoma Press, Oklahoma, 1958.

- García Icazbalceta, J., *Colección de documentos para la historia de México*, México, 1858, 2 vol.

- Morley. S. G, *The Inscription of Peten,* Carnegie Institution, Nº 437, 1938.

- Stone, D., *Rasgos de la cultura maya en Costa Rica*, Estudios de Cultura Maya, volumen IV, 1964.

Índice

Otros títulos en la misma colección:

La búsqueda del Santo Grial
Robert Helmett - Javier Díaz Sánchez.

¿El misterio del Grial se remonta a los orígenes del cristianismo. Según la tradición, el Santo Grial sería la copa en que Jesús bebió durante la Última Cena y con la que instituyó el sacramento de la Eucaristía. A su alrededor se elaboraron teorías esotéricas, sagas literarias, asociaciones secretas, logias y numerosas obras de arte. Ese objeto -y mucho más su búsqueda- se convirtió, con el paso de los siglos, en una suerte de obsesión para el hombre.
Sobre todo a partir de la Edad Media, el Grial fue fuente de enfrentamientos, disputas santas y no del todo, guerras y celos territoriales, ya que diversas localidades aseguraban poseer la preciada reliquia. Desde la gesta de los cruzados, que soñaron con recuperarlo de los infieles, hasta las investigaciones de los nazis, que estudiaron todo lo relativo a esta leyenda, con el propósito de capitalizar su poder emblemático, el Grial atraviesa siglos de historia y afán humano.
Advertir su peso simbólico, exige hoy aprehender el cristianismo en toda su dimensión. Los autores siguen, en la presente obra, el recorrido del mítico objeto. En el itinerario se mezclan documentos, testimonios y hechos que confirman o desmienten parte de la historia llegada hasta nuestros días.
Pero también, el misterio del Santo Grial nos lleva a la tiniebla mística, aventurera y fascinante de la leyenda del Rey Arturo, de los Caballeros de la Mesa Redonda y del Mago Merlín, creación humana que de por sí justificaría la elaboración del mito. Aunque sigan vigentes las preguntas:
¿Podemos asegurar que no haya existido el Grial?
¿Se conserva en algún lugar de la tierra esta reliquia milenaria?
¿Qué poder brinda a sus poseedores y cuál es su sentido último?
Este libro es una fascinante forma de compartir esos interrogantes.

El mágico mundo de los celtas
Viviana Campos

¿Qué podemos conocer sobre los celtas?
¿Eran un aluvión de cortadores de cabezas o seres bucólicos que vivían en armonía con la naturaleza?
¿Por qué no constituyeron un imperio si llegaron a habitar desde Grecia hasta las Islas Británicas?
Los celtas no dejaron historia escrita y su tradición era netamente oral. Solamente podemos basarnos en fuentes romanas, de las cuales la principal es la Guerra de las Galias, de Julio César.
¿Son éstas suficientes? ¿Es fiable la versión del vencedor?
El presente trabajo intenta demostrar, a través de las dos vertientes más importantes que poseemos: las epopeyas, compiladas por los monjes irlandeses del siglo VIII, y el mundo feérico, articulado por la tradición folklórica, que la cultura celta es mucho más que un conjunto de prácticas mágicas dominadas por los druidas.
Esa cultura que hoy suele ser idealizada o curiosamente adaptada a una visión new age, posee en realidad una estructura mítica tan importante como la grecorromana, aunque mucho menos conocida. Y es este aspecto el que escoge Viviana Campos para abordar su trabajo. De allí en más, se atiene a las pocas fuentes ciertas, menciona las dudosas y señala las evidentes deformaciones históricas.
Mitología, historia y folklore, más que sospechosas cronologías. Esta opción, según la autora, brindará al lector una percepción cabal de esa cultura que irrumpió semidesnuda en Europa hace miles de años, que ha dejado profundas huellas en el bagaje cultural y literario de Occidente, al tiempo que una recurrente pregunta:

¿ Quiénes fueron los celtas?

Las pirámides de Egipto
Patrick O´Callagan.

Siglos antes de que en Grecia se fundaran las bases de nuestra cultura occidental, hubo un pueblo en las riberas del Nilo que dominó a la perfección las matemáticas, poseyó conocimientos de astronomía que aún deslumbran a los científicos, elaboró un sistema de escritura que era a la vez un medio de comunicación y un compendio de símbolos religiosos. Pero además, los egipcios construyeron las pirámides, única maravilla del mundo antiguo aún conservada. Esos millones de cubos de piedra, ensamblados y orientados con precisión milimétrica, encierran uno de los misterios más grandes de la Historia universal. ¿Cómo fueron trasladados los grandes bloques? ¿Con qué instrumentos contaban para trabajarlos con tal maestría?¿Cómo es que pueden descifrarse en ellas relaciones con el sistema solar y reglas geométricas mucho más tarde postuladas?

Partiendo de las pirámides, el autor nos brinda una aproximación general al pueblo que las levantó; sus creencias sobre la vida y la muerte, la relación con sus dioses, el porqué de la momificación... Pero también se detiene a considerar la teoría que relaciona a estos milenarios monumentos con la intervención extraterrestre, la aparición de formas piramidales en la superficie de Marte, los fundamentos de la llamada "maldición de los faraones". O'Callagan nos brinda las claves de un misterio con más de 4.000 años de antigüedad.

Los Alquimistas
Javier Díaz Sánchez

Indagar en la alquimia implica caminar por el filo de una larga navaja: de un lado la ciencia, del otro la magia. Y en derredor, la historia de los hombres: empujando hipótesis, tesis, demostraciones. Pero también mitos, creencias, invocaciones.
En este volumen, Javier Díaz Sánchez emprende el desafío de deshilvanar la historia de la alquimia y sus figuras centrales: Los alquimistas. Realiza así descubrimientos asombrosos: famosos personajes históricos vinculados a prácticas alquímicas en forma secreta, la influencia de los alquimistas en las grandes cortes de Europa, la incidencia de sus experimentos en los orígenes primigenios de la química, la física, la matemática...
Desde el árbol genealógico de la ciencia, este antepasado esconde -en la vida y el testimonio de sus practicantes- un caudal de revelaciones. Semejante "caja negra" de la evolución humana merecía una reivindicación histórica, que estas páginas logran con amplitud.

Esta edición de 5.500 ejemplares
se terminó de imprimir en
Encuadernación Araoz S.R.L.,
Avda. San Martín 1265, Ramos Mejía, Bs. As.,
en el mes de febrero de 2004.